KLINKA • WIR STELLEN UNSERE KATZE AUS

RATGEBER RUND UM DIE KATZE

Christine Klinka

Wir stellen unsere Katze aus

Alles über Katzenschauen, vom Anfänger zum Profi

Müller Rüschlikon

Herzlichen Dank an alle, die mit ihren Fotos zum Gelingen dieses Buches beigetragen haben. »Special thanks« an Eva Cermak für ihre unermüdliche Unterstützung!

Einbandgestaltung: Katja Draenert
Lektorat: Myrta Baumberger

ISBN 3-275-01391-2

1. Auflage 2001

Grafische Gestaltung: PHG Lithos GmbH, 82152 Martinsried
Druck: Maisch & Queck, 70839 Gerlingen
Bindung: Karl Dieringer, 70839 Gerlingen
Printed in Germany

Vorwort

Sachte und feinfühlig hat sich das Virus »Katze« in unseren Herzen eingenistet. Die schnurrenden Samtpfoten sind mittlerweile weltweit das Lieblingshaustier Nummer Eins und sorgen in unzähligen Haushalten für mancherlei Kapriolen. Selbst überzeugte »Katzenmuffel« geraten – nach sensibler Bekehrung – verschämt ins Schwärmen über die Schönheit und Vorzüge ihrer Mieze, wobei es vollkommen unerheblich ist, ob sie einer munteren Wald-und-Wiesen-Liebe entstammt oder auf einen erlauchten Stammbaum verweisen kann.

Was wir lieben und was uns mit Stolz erfüllt, möchten wir gerne herzeigen – und damit sind wir schon mitten im Thema. Katzen auf Shows zu präsentieren ist ein Hobby wie jede andere Freizeitbeschäftigung auch. Vielleicht nicht ganz so friedlich wie das Sammeln von Zinnfiguren oder Briefmarken, aber weit weniger anstrengend als Ten-

Wer ein solches Kleinod zu Hause hat, möchte es gerne herzeigen: »Ein viel versprechendes Kitten« würde im Richterbericht des entzückenden Britisch golden shade-Fräuleins stehen (Foto: Niesel)

nis spielen oder etwa seinen Garten zu gestalten – und für fast jedes Steckenpferd werden Messen veranstaltet, für Katzen genauso wie für viele verschiedene andere Tierarten ... jedes »Tierchen« frönt eben seinem Pläsierchen!

Showkatzen genießen ein besonderes Maß an Aufmerksamkeit – auch zu Hause, denn durch den intensiveren Kontakt entsteht eine ganz besondere Verbindung: Mensch und Katze werden zu einem Team.

Dass Ausstellungen nicht nur als Tummelplatz für die gekrönten Häupter von Rassekatzen anzusehen sind, sondern auch Hauskatzen mit Vorzug gern gesehene Gäste, scheint sich noch nicht so recht herumgesprochen zu haben, denn deren Teilnahme ist betrüblich mager. »Das ist sie nicht gewöhnt« oder »das möchten wir ihr nicht antun« sind absolut verständliche Argumente, die jedoch zweifellos ebenso für viele Rassekatzen gelten – nicht jede Katzenseele kommt mit dem Showbusiness zurecht. Verbummeln die einen lieber den Tag gemütlich hinter dem Ofen oder jagen imaginären Mäusen hinterher, genießen andere wiederum sehr wohl die geballte Aufmerksamkeit, die ihnen auf einer Ausstellung widerfährt. Während die meisten teilnehmenden Vierbeiner allerdings ohne Zweifel mit der Katzen eigenen Flexibilität die üblicherweise herrschende Betriebsamkeit – die eher für den Menschen aufregend ist – verschlafen. Immerhin passiert weder etwas, das »weh tut«, noch einen Grund zum Fürchten gibt, wie etwa der leidige Gang zum Veterinär jedes Jahr.

Und das ist der Schlüssel zum Verständnis: So lange wir nicht vergessen, dass es Lebewesen sind und jede Katze ein Individuum ist, mit dem verantwortungsvoll umzugehen oberste Priorität hat, bleibt die Freude an diesem Hobby ohne Wermutstropfen. Und dass das Zusammenleben und die Beschäftigung mit einem Tier – wobei in der Rangliste unsere Katzen ebenfalls das Näschen vorn haben – einen therapeutischen Wert für kleine und große Menschen besitzen, ist ja mittlerweile auch nicht mehr neu ...

Sollte ich Sie jetzt vielleicht ein bisschen motiviert oder generell Ihr Interesse geweckt haben, wird Ihnen dieser Ratgeber als Leitfaden durch den »Ausstellungsdschungel« sicherlich ein nützlicher Begleiter sein.

Ich wünsche Ihnen und Ihrer Katze (auch wenn Sie sie lieber doch zu Hause lassen und »nur« Besucher sein möchten) viel Spaß beim Lesen und Erleben!

Christine Klinka

Sind Katzenausstellungen noch zeitgemäß?

Kurz und bündig: Ja! Denn Liebhaber und auch Züchter wird es immer geben und den daher notwendigen Zusammenschluss von Gleichgesinnten in Interessengemeinschaften – den Clubs, ohne die es keine Shows gäbe und die letztendlich mit der Organisation von Ausstellungen den Wünschen ihrer Mitglieder Rechnung tragen – absolut selbstverständlich ebenso.

Abgesehen vom Unterhaltungswert für die ganze Familie ist es ein Fest, so viele unterschiedliche Katzen/Rassen so nahe zu sehen und vielleicht mitzuzittern, ob der Besucher-Liebling bei der Richterschar die gleiche Anerkennung finden wird. Oder die Qual der Wahl das Herz erschwert, welche sich am heimischen Wohnzimmersofa am wohlsten fühlen würde – aber Achtung: Katzenausstellungen sind eine wunderbare Informationsquelle, keine Verkaufsschauen!! ... und für Züchter sind sie unerlässlich.

Ein Züchter muss nicht nur etwas verstehen von dem, was er tut – d.h. er sollte zumindest die Grundbegriffe der Vererbungslehre beherrschen und sie auch beherzigen – sondern auch immer wieder prüfen, ob er mit seinem Zuchtprogramm auf dem richtigen Weg ist. Jenseits schlichter Vermehrung gibt ein wirklich ernsthafter Züchter keine Solovorstellung, sondern kommuniziert, tauscht Erfahrungen aus, präsentiert, vergleicht und hört niemals auf, dazuzulernen. Ausstellungen sind dafür ein unerschöpfliches und notwendiges Reservoir. Ganz abgesehen davon, dass verständlicherweise jeder gern die (manchmal sehr hoch hängenden) Früchte seiner Arbeit öffentlich gewürdigt sehen möchte.

Nicht jeder Aussteller muss/kann ein Züchter sein, sondern will einfach nach dem Motto »dabei sein ist alles« dem staunenden Publikum jenes zauberhafte Wesen präsentieren, das ihm gestattet, in seinem Bett zu schlafen und feine Mahlzeiten zu kredenzen.

Die ersten, im Viktorianischen England veranstalteten Shows waren gesellschaftliche Zusammenkünfte einer etwas anderen Art. Sie wurden im Freien abgehalten und die

Katzen zwischen Tee und Sandwiches den ebenfalls lustwandelnden Richtern an der Leine präsentiert – können Sie sich das vorstellen? Vielleicht wird sich das Gesicht der Ausstellungen neuerlich wandeln, wie eben alles mit der Zeit, aber sie werden niemals aus der Mode kommen ... es wäre auch wahrhaft schade darum!

Tipp für Besucher:
Die Verlockung ist groß, die schönen Pelzchen auch zu streicheln. Denken Sie dabei aber daran, dass diesen Wunsch viele Besucher haben und die Katze sich dadurch sehr wohl gestört fühlen kann. Fragen Sie den Besitzer und öffnen Sie bitte auch mit den lautersten Absichten NIEMALS ohne dessen Einverständnis das Käfig-Türchen – das zählt mit Abstand zum schlechtesten Besucher-Know-how!
Ebenso wie füttern, kitzeln oder anblasen, damit die schlafende Schöne vielleicht doch ein Auge öffnet ...

II. Vom Salonlöwen zum Show-tiger

Schlicht mit seiner Mieze auf dem Arm auf einer Ausstellung aufzutauchen und Einlass zu begehren wäre recht illusorisch – Ihr Kind müssen Sie in der Schule ja auch vorher anmelden. Wer mitspielen will, muss also dazugehören, d.h. Sie wählen zunächst den Club, bei dem Sie Mitglied werden möchten – entweder auf Empfehlung oder der Einfachheit halber jenen, der den Stammbaum Ihrer Katze ausgestellt hat.
Haben Sie noch keine Katze und es schwebt Ihnen eine »höhere« Karriere vor, kann es nicht schaden, wenn Sie sich vom Clubsekretariat nach Möglichkeit VOR dem Erwerb einer für Zucht und/oder Ausstellung geeigneten Mieze beraten lassen, um durchaus mögliche Enttäuschungen zu vermeiden – sofern die folgenden Kapitel als Denkansatz nicht ausreichen!

Tipp

Gleichermaßen informiert und kompetent beraten werden freilich auch Nichtmitglieder! Nur wenn Sie ausstellen oder züchten möchten, ist ein Beitritt unumgänglich.

Der erste Schritt – zum Katzenclub

Ordnung ist das halbe Leben. Das gilt für alle Organisationen, die eine Gruppe von Menschen mit vielfältigen Wünschen und Vorstellungen unter einen Hut zu bringen haben. Daher bleiben auch den Katzenverbänden und ihren Mitgliedern eine Fülle von Regeln und Vorschriften nicht erspart. Sehr große Clubs bekommen zudem vom zuständigen Dachverband ein gemeinsam erstelltes »Grundgerüst« vorgegeben, auf dem die jeweiligen verbandseigenen Statuten aufgebaut sind.
Die Mitgliedschaft: Die damit verbundenen Serviceleistungen umfassen üblicherweise regelmäßige Informationen über Ausstellungstermine/-orte und Teilnahmegebühren, eventuelle zusätzliche Sonder-

schauen einzelner Rassen/Farben, die jeweils amtierenden Richter, Anfahrtswege, Hotels etc. Ebenso wie Änderungen bzw. Neuerungen des Reglements, aktuelle Erkenntnisse aus Wissenschaft und Forschung, Beratung in Zuchtfragen, Einladung zu geselligen Zusammenkünften, Bezug der verbandseigenen Zeitung und vieles mehr.

Der Club ist für seine Mitglieder erster Ansprechpartner für alle Fragen und Mittler zu allen anderen Verbänden. Seine Mitarbeiter werden Sie gerne präzise instruieren, sich bei Problemen um eine Lösung bemühen und Sie gegebenenfalls an Fachleute »weiterreichen«. Clubs und Züchter sind für gewöhnlich auch bei gesundheitlichen Themen quasi von Berufs wegen up to date und gut informiert. Aber sie können selbstverständlich weder eine Ferndiagnose erstellen noch den Tierarzt ersetzen!

Als Clubmitglied können Sie Ihre Katze nicht nur auf den von diesem organisierten Shows präsentieren, sondern natürlich (mit wenigen Ausnahmen) auch auf jenen aller anderen Clubs im In- und Ausland. Die Einzelheiten, ob und wann das sinnvoll bzw. notwendig ist, erfahren Sie in Ihrem Clubsekretariat oder auf den folgenden Seiten.

Stammbaum oder kein Stammbaum? Die Ahnentafel ist für alle, die ausstellen (und/oder züchten) möchten, das absolute Nonplusultra. Sie listet lückenlos vier Generationen der Vorfahren Ihrer Katze auf und ist mindestens so wichtig wie Ihre eigene Geburtsurkunde, ohne die Sie weder heiraten könnten noch einen Reisepass bekämen. Denn nicht registrierte Katzen sind von Zucht und Ausstellung ausgeschlossen (Ausnahme: Hauskatzen)! Und ähnlich wie für Ihre persönlichen Papiere gibt es ein zuständiges »Amt« – den Katzenclub, der allein berechtigt ist, Stammbäume für die Katzen/Jungtiere der bei ihm eingetragenen Mitglieder auszustellen bzw. Stammbäume von clubfremden Katzen unter Einhaltung bestimmter Voraussetzungen in sein Zuchtbuch aufzunehmen. Wobei *ausschließlich* das Originalpapier Gültigkeit hat. Als zusätzliche Gewährleistung für die Richtigkeit gilt der Transfer, in dem der Übergang der Besitzverhältnisse vom Züchter auf den Käufer festgehalten und per Unterschrift vom Club legitimiert wird.

Stammt Ihre Rassekatze nun aber aus der Tierhandlung, fehlt naturgemäß der Kontakt zum Züchter und damit der Nachweis, dass der im Kaufpreis eingeschlossene

Stammbaum auch wirklich zur Katze gehört. Weshalb ihn seriöse Clubs nicht anerkennen können und er darum maximal Erinnerungswert besitzt. Mieze müssen Ausstellungs-(und Zucht-)ehren verwehrt bleiben. Und wenn sie noch so schön ist, leider. Kommt die Wunderbare aus dem Haus eines nicht registrierten Züchters, kann sie mangels eines zuständigen Clubs natürlich auch keine eigene Ahnentafel haben. Solchen Kätzchen werden vom »Züchter« oft ganz gern Stammbaum-Kopien der (möglichen) Eltern mitgegeben – die stimmen können oder auch nicht. Für das Katzenkind bleibt dies ohne Relevanz, es hat keine »Geburtsurkunde« und ist somit ebenfalls für Zucht und Show nicht zugelassen.

Mit gelassenem Blick auf Erfolgskurs: Diese schöne schwarz-getupfte Perser-Lady hat selbstverständlich auch einen makellosen Stammbaum (Foto: Puntigam)

Jeder Club wird bei der Überprüfung eines clubfremden Abstammungsnachweises sehr penibel vorgehen. Auch zum Schutze seiner Mitglieder, die für ordnungsgemäße Papiere immerhin eine Reihe von Auflagen zu erfüllen haben. Wer diese umgehen will, versucht's mit Mogeln und für gewöhnlich bleibt dann der unaufgeklärte Käufer auf der Strecke. Denn ein seriöser Züchter wird *immer* bei einem Club registriert sein und seine Kätzchen *niemals* »unter der Hand verscherbeln« oder kaltherzig in eine Tierhandlung setzen – was übrigens bei allen integren Clubs strikt verboten ist und mit Ausschluss geahndet wird! Genaue Informationen vor dem Kauf ersparen daher so manche Ernüchterung. ***Hauskatzen*** haben es gut, sie braucht das alles nicht zu kümmern! Wenn Sie Ihr Büsi ausstellen möchten, müssen Sie lediglich Mitglied in einem Club sein. Eine Registrierung der Katze ist nicht notwendig, da es ohne bekannte Vorfahren ja im Prinzip nicht wirklich etwas zu verzeichnen gibt. Aber ohne einige allgemeingültige Vorschriften geht es trotzdem nicht.

Tipp

Sind Sie also Neueinsteiger mit Ausstellungsambitionen, muss die infrage kommende Katze im Zuchtbuch des Clubs, bei dem Sie Mitglied sind, registriert sein bzw. werden. Genauer: Ist Ihr Club mit jenem, der den Stammbaum Ihrer Katze ausgestellt hat, identisch, dann ist alles wunderbar! Ist er das nicht, müssen Sie bitte unbedingt rechtzeitig (= *mindestens* zwei/drei Wochen vor der ersten ins Auge gefassten Show) anrufen und die weitere Vorgangsweise klären, die je nach Dachverbands-Zugehörigkeit differieren kann.

Der zweite Schritt – zum Tierarzt

Für alle (Haus- und Rasse-)Katzen, die auf einer Ausstellung teilnehmen sollen, sind eine gültige (d.h. am Tag der Show nicht weiter als ein Jahr zurückliegend – achten Sie bitte präzise auf das Datum) Katzenschnupfen/Katzenseuche-Impfung und eine gültige Tollwut-Impfung (= mindestens vier Wochen alt und nicht mehr als 12 Monate zurückliegend) obligatorisch und bindend! Ohne aktiven Impfschutz am Tag der Ausstellung würde der

amtierende Tierarzt bei der vorschriftsmäßigen Einlasskontrolle Ihre Mieze gnadenlos zurückweisen müssen! Also sehen Sie das bitte nicht zu locker, »ein Tag auf oder ab« kann darüber entscheiden, ob Sie womöglich unverrichteter Dinge wieder heimfahren müssen. Manche Clubs erwarten auch eine Leukose-Impfung, bitte erkundigen Sie sich also früh genug, um keine Fristen zu versäumen!
Bei weißen Katzen, egal ob Haus- oder Rassekatze, wird üblicherweise ein einmalig durchzuführender Audiometrie-Test gefordert, d.h. ein schriftlicher Nachweis, dass das Gehör der Katze einwandfrei funktioniert. Manche Clubs anerkennen desgleichen die (ebenfalls schriftliche) Bestätigung eines Tierarztes – auch das müssen Sie bitte vorher erfragen. Jedes Attest muss alle Daten der betreffenden Katze enthalten und ist Bestandteil des Impfpasses, weshalb es der Einfachheit halber dort eingeheftet werden sollte.

Tipp

Gucken Sie Ihrer Mieze manchmal ins Ohr? Verschmutzte Ohren, womöglich sogar Ohrmilben, braune Tränenspuren/Krusten und vor allem Flohbefall gehören wirklich nicht zum guten Ton für eine Katze, egal ob sie ausgestellt wird oder nicht. »Untermieter« jeglicher Art haben auch auf einer Ausstellung grundsätzlich nichts verloren und können bei der Einlasskontrolle mit einer Teilnahmesperre für die Show geahndet werden! Das bedeutet: Außer Spesen nichts gewesen.

Der dritte Schritt – die Anmeldung

Mit der Anmeldung reservieren Sie Ihrer Katze einen Platz/Käfig für die Dauer der Show. Anmeldeformulare – die Sie von Ihrem Club bekommen – sehen auf den ersten Blick wie ein Buch mit sieben Siegeln aus. Keine Panik, der Schein trügt! Vergessen Sie nicht, Ort und Datum der gewünschten Ausstellung einzutragen und beachten Sie unbedingt den Meldeschluss, denn danach heißt es (meistens) wie beim Roulette »nichts geht mehr«. Der Club braucht ja Zeit für die Erstellung des Kataloges, ohne den er eine Show nicht abhalten darf und in dem jede teilnehmende Katze aufgelistet sein muss. Also planen Sie bitte beizeiten und rechnen Sie den Postweg mit ein.

Generell für alle auszustellenden Katzen gilt ein erreichtes Mindestalter von drei Monaten! Und zwar absolut – feiert Ihre Schöne erst am Montag nach der Show diesen wichtigen Geburtstag, haben Sie Pech gehabt. Bitte schummeln Sie nicht mit dem Datum, es wird überprüft. Eher selten sind so genannte Wurfklassen zugelassen, wo dieses Alter unterschritten werden darf. Sie unterliegen Club-eigenen Sonderbestimmungen und müssen jeweils erfragt werden. Aber Hand aufs Herz: Sind solche Winzlinge in ihrer Kinderstube daheim nicht weit besser aufgehoben?

Für eine ***Hauskatze*** genügen Name, Geschlecht und Geburtsdatum (geschätzt, wenn Sie es nicht

Begehrtes Ziel vieler Aussteller-Wünsche: Pokale und Kokarden, umrahmt von wunderschöner Blumendekoration (Foto: Privat)

genau wissen) der künftigen Diva sowie Ihr Name/Adresse/Telefon-(Fax-)Nummer und Ihre Clubzugehörigkeit. Bei einer ***Edelkatze*** werden Sie etwas mehr gefordert, sämtliche dafür benötigten Daten können Sie jedoch dem Stammbaum entnehmen.

Gewährt der organisierende Club ***Sonderwünsche*** (er muss nicht, er kann!) wie etwa die Bitte nach einem Doppelkäfig (wenn Sie z.B. mehr als eine Katze unterschiedlicher Rasse/Farbe/Alter mitbringen) oder die Einteilung bei einem Wunschrichter, dann vermerken Sie dies gut sichtbar auf dem Formular. Vergessen Sie das Wörtchen »bitte« nicht und bedenken Sie, dass es eine ganze Reihe wohl verständlicher Gründe geben kann, weshalb es manchmal nicht möglich ist, dieser Bitte zu entsprechen – und ärgern Sie sich dann nicht. Immerhin können viele Wünsche einander kreuzen, dann muss die Mehrheit gelten. Die Entscheidung ist immer schwierig und jeder Veranstalter wird tun, was er kann. Zeigen Sie Verständnis! Wünsche ohne realen Hintergrund einfach aus Jux zu äußern erschwert dem Club lediglich die Arbeit und wäre nicht die feine englische Art ... Nicht sonderlich sinnvoll wäre auch, sich einen Richter zu wünschen, der gar nicht eingeladen ist oder für Ihre Katze mangels Prüfung in deren Kategorie keine Zulassung hat.

Das vollständig (leserlich!) ausgefüllte und unterschriebene Meldeformular schicken Sie bitte IMMER an den Club, bei dem Sie Mitglied sind, der die Eintragungen prüft, abzeichnet und – wenn er nicht selbst der Veranstalter ist – die Meldung an den jeweiligen Organi-

Tipp

Alle Verbände verwenden für Rassen und Farben eine Kurzbezeichnung, gewöhnlich eine Kombination aus Buchstaben und Zahlen – sie sind eine Wissenschaft für sich. Der FIFé-Dachverband z.B. nennt diese Codes »EMS«. Beispiel: Eine Perser schwarz silver shaded schrumpft zu PERns11, zu deutsch: PER = Perser, n = noir/schwarz, s = silver, 11 = shaded. Aus Britisch blau wird BRIa, d.h. BRI = Britisch, a = blau. Lassen Sie sich nicht verwirren, schreiben Sie's vom Stammbaum ab und im Zweifel ausgeschrieben dahinter. Selbstverständlich auch bei den Elterntieren.

sator weiterleitet. Ohne Brief und Siegel Ihres Verbandes können Sie an keiner Club-fremden Ausstellung teilnehmen! Falls es einmal eilt, wird sicherlich per Fax eine Platzreservierung möglich sein, aber die Originalmeldung muss in diesem Fall nachfolgen und kann maximal bei Club-eigenen Veranstaltungen entfallen.

Die für jede Show anfallende Teilnahmegebühr gehört dem jeweiligen Organisator, d.h. bei Club-eigenen Ausstellungen können Sie durchaus beim Einlass bezahlen, während bei Club-fremden Vorauskasse üblich ist. Legen Sie in diesem Fall einen Scheck bei, damit Gebühr und Meldung von Ihrem Clubsekretariat gemeinsam weitergeleitet werden können. Akzeptiert der Veranstalter eine Banküberweisung, heften Sie eine Kopie davon auf die Anmeldung und rechnen Sie den Bankweg mit ein – die Zahlung ist gültig ab Verbuchung auf dem Empfängerkonto.

Bis wenige Tage vor der Show erhalten Sie per Post oder Fax (= sofern Sie auf der Meldung die Nummer angegeben haben!) eine Meldebestätigung. Eine zeitlich sehr knappe Anmeldung und/oder der gelegentlich recht zögerliche Postweg können durchaus für Sand im Getriebe und reichlich Ärgernis sorgen. Vor allem, wenn Sie eine weite Anreise und kurz davor noch immer keine Meldebestätigung erhalten haben, sollten Sie daher telefonisch beim Organisator nachfragen, ob Ihre Katze im Katalog steht.

Übrigens: Alle Veranstalter können bei der Suche nach einem eventuell notwendigen Hotel, in dem Katzen willkommen sind und dessen Preisvorstellung keine Haushaltskrise heraufbeschwört, Hilfestellung leisten. Für die rechtzeitige Reservierung (und Bezahlung) sind jedoch Sie allein zuständig.

Tipp

Auch wenn Ihnen vor der Sucherei graust, schenken Sie dem Kapitel »Fachchinesisch« ein wenig Aufmerksamkeit und erforschen Sie mithilfe der Angaben auf der Anmeldung, wo im Katalog Sie Ihre Mieze wiederfinden müssten. Notieren Sie Kategorie, Rasse, Farbe, Alter/Titel = Klasse und Geschlecht auf einem Zettelchen und hüten Sie es gut. Wenn Sie derlei (noch nicht) im Schlaf herunterbeten können, werden Sie es brauchen.

»Und wann geht's endlich los?« – Ein Korb oder stabiler, geräumiger Kennel ist Voraussetzung für eine stressfreie Reise ins Abenteuer (Foto: Cermak)

III. Vorbereitungen für den »großen« Tag

Eine Katzenausstellung ist innerhalb bestimmter Kriterien eine reine Schönheitskonkurrenz. Mieze wird weder vorgeführt noch muss sie besondere Leistungen erbringen wie ihre bellenden Kollegen. Sie wird präsentiert und es reicht, wenn sie dem Standard entspricht und eine perfekt gepflegte Augenweide abgibt (und keine extrem schlechte Laune hat, was ja immerhin vorkommen kann. Wir sind auch nicht immer fröhlich und stehen manchmal mit dem falschen Fuß auf). Weshalb der Pflege eine ganz besondere Bedeutung zukommt.

Spieglein, Spieglein an der Wand ...

Die schönste Frau der Welt wird kaum zur Miss World gekrönt werden, wenn sie mit vergrämter Miene, Filzpantoffeln und Lockenwicklern über den Catwalk trottet. Das gilt im Prinzip auch für unsere Katzen, in deren Richterbericht ein »exzellente Kondition, exzellent vorgestellt« keinesfalls fehlen darf. Aber selbst die wahnwitzigste Badeorgie kann über eine mangelnde Kondition nicht hinwegtäuschen. Weshalb wir auch im Alltag die Verantwortung für Miezes Lebensqualität nicht vernachlässigen dürfen: Ein schönes Fellkleid umschließt einen gesunden Körper und ist Ausdruck eines harmonischen Seelenlebens! Die Basis dafür ist demzufolge allemal eine wohl dosierte, ausgewogene, abwechslungsreiche = optimale Ernährung, liebevolle Zuwendung, artgerechte Haltung und regelmäßige ärztliche Kontrolle – und alles zusammen zaubert dieses so unendlich hinreißende Lächeln in Miezes Gesicht ... aber das brauche ich Ihnen sicherlich nicht erst zu erzählen ...

Abgesehen davon, dass bei der tägliche Fellpflege Parasiten – die oft genug vom Menschen eingeschleppt werden – oder Hautkrankheiten rechtzeitig erkannt und behandelt werden können, schätzt Mieze die ihr dabei zuteil werdende Aufmerksamkeit. Selbstverständlich auch, wenn sie eine Hauskatze

Das richtige Temperament für eine Ausstellungskatze: Ruhig und gelassen mitten im Trubel – eine braune Burma und ihr »Lebensmensch« (Foto: Cermak)

ist oder einer pflegeleichten Kurzhaar-Rasse angehört. Bei diesen wird die Vorbereitung für eine Show zwar nicht in eine Wissenschaft ausarten wie bei den langhaarigen Verwandten, aber ein bisschen »Styling« kann auch ihnen nicht schaden.

Allgemeines

Fellknoten, totes (abgestorbenes) Haar, Stichelhaare (einzelne, weiße

»Ich bin eine Naturschönheit« – da reichen ein glückliches Zuhause und die tägliche Normalpflege: British black silver blotched (Foto: Ellert)

Haare in farbigen Partien) oder Grannen (hartes, abstehendes Deckhaar – sehr gut im Gegenlicht zu sehen) sind keine Empfehlung für den Aussteller einer Edelkatze. Grannen werden maximal bei Jungtieren toleriert und verschwinden meist beim ersten Fellwechsel von alleine. Tun sie es nicht, müssen sie einzeln (dann tut es auch nicht weh) ausgezupft werden. Desgleichen Stichelhaare, sofern es nicht zu viele sind. Verteilen sie sich allerdings reichlich über die ganze Katze wie z.B. bei Tabbies innerhalb des Musters, wären sie lediglich durch entsprechende Selektion beim Züchten zu eliminieren. Viel Stichelhaar macht Mieze nicht wirklich Showtauglich.

Haare schneiden, färben oder sonstige wahnwitzigen Ideen unterlassen Sie bitte. Miezes Schönheit richtig zur Geltung zu bringen ist absolut legitim, aber SIE sollte honoriert werden, nicht der beste Trick oder die Kunst Ihres Friseurs! Außerdem: Richter haben einen geübten Blick und können/müssen Ihre Mieze in einem solchen Fall vom Wettbewerb ausschließen! Kunstgriffe wie das Zupfen der Härchen an den Ohrspitzen (NUR bei Rassen mit erwünscht kleinen Öhrchen) bzw. zum Abrunden der Schwanzspitze (sofern der Standard ein rundes Ende vorsieht) oder zum Fassonieren eines Perser/Exotic-Gesichtes (ein langer Backenbart sieht unvorteilhaft aus und verleiht der Katze ein grimmiges Gesicht) sind gestattet und durchaus üblich. Etwas derart Diffiziles wie eine »Gesichtskorrektur« müssen Sie sich aber bitte unbedingt vorher zeigen lassen!!! Oder sich ein Übungsopfer suchen. Wie gesagt: Zupfen, nicht schneiden! Es ist nicht wirklich schwierig – wenn man's kann – und tut der Katze auch nicht weh.

Genießt Ihre Glückliche einen Eigengarten, achten Sie bitte darauf, dass vor allem weiße bzw. helle Pfötchen wirklich penibel sauber sind (das gilt selbstverständlich auch für Hauskatzen) – sonst könnte Sie eine herbe Enttäuschung bei der Bewertung erwarten! Im Grunde sollte den Weißen aller Rassen ein Schaumbad nicht unbekannt sein (das Fell bekommt auch leicht einen Gelbstich, vor allem in Raucherhaushalten). Für alle weißen, silbernen bzw. Katzen in hellen Farben (auch Colourpoints) sollten Sie daher unbedingt ein aufhellendes Shampoo für den Hauptwaschgang wählen – Sie werden über den Unterschied staunen!

Bade-Tipps für alle Rassen

Die Pflegepräparate werden von Insidern ganz gern wie Staatsgeheimnisse behandelt. Das muss Sie nicht grämen, denn Wundermittel, die bei jeder Katze die gleiche Wirkung haben, gibt es sowieso nicht, weil jede Felltextur anders darauf anspricht. Beratung sollten Sie trotzdem einholen (Ihr Drogist gehört ganz sicher nicht dazu!), am sinnvollsten vom Züchter Ihrer Katze, oder Sie fragen die Damen/Herren im Clubsekretariat – sie sind gewöhnlich gut informiert und gern bereit, zu helfen. Die absoluten Pflegeserien-»Renner« kommen fast ausschließlich aus Amerika und Italien.

Perserkatzen, alle Halblanghaar-Rassen und langhaarige Orientalkatzen bedürfen unterschiedlich reichlicher Fellpflege, *müssen* aber zumindest einige Tage vor jeder Ausstellung eine Badewanne von innen sehen. Manche Katzen lieben das Wasser und schnurren beim Föhnen – derlei Problemlose gehören immer den anderen und die eigene Katze ist häufig ein Bademuffel, der vor jedem Spritzer graust. Anfängliche Fluchtreaktionen sind absolut normal und erfordern lediglich Geduld und beruhigendes Zureden. Sobald Mieze merkt, dass Ihr Sinn nicht nach Ertränken trachtet, kann die Prozedur durchaus stressfrei ablaufen. Ob Sie sich nun mit Ihrem Opfer zusammen in die Badewanne setzen oder das (rückenfreundlichere) Waschbecken benutzen: Stellen Sie Mieze auf eine rutschfeste Unterlage. Der sichere Halt wird zu ihrer Beruhigung wesentlich beitragen und Sie haben es leichter, weil sie nicht hampelt! Bemühen Sie anfangs helfende Hände, zu zweit geht bekanntlich vieles leichter, bis Sie alleine sicher genug sind. Bei wirklichen Existenzängsten allerdings sollten Sie im wahrsten Sinne des Wortes das Handtuch werfen und – zumindest für diese Katze – Ihre Ausstellungspläne begraben. Nicht einmal unbeschreiblich überirdische Schönheit würde Quälerei rechtfertigen!

Profis baden ihre Miezen zur leichteren Gewöhnung von klein auf und in regelmäßigen Abständen auch zwischendurch, weil das Fell dadurch insgesamt wesentlich pflegeleichter bleibt, nicht so schnell verknotet und viel weniger gekämmt werden muss. Außerdem sind Lässigkeitssünden kurz vor einer Show nicht mehr wirklich auszubügeln, und wenn Sie das arme Tier noch so sehr malträtieren. Lassen Sie also Mieze nicht für Ihre Bequemlichkeit büßen! Ohne Druck und Hektik immer wieder üben heißt der sanfte Weg zum Ziel. Bevor Sie beginnen, sollte Mieze penibel durchgekämmt werden – jeglicher noch so kleine Knoten

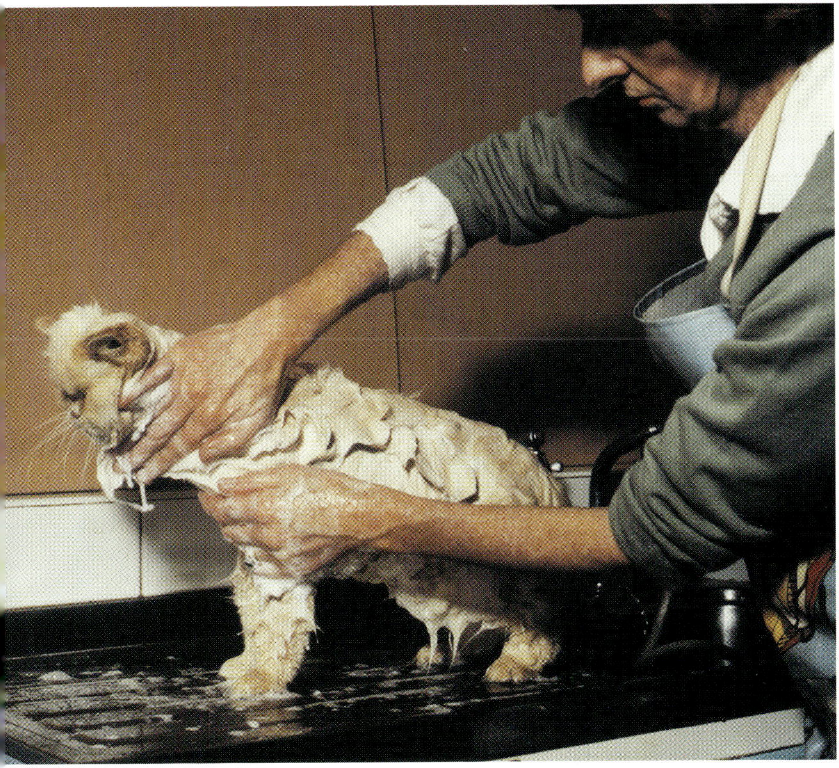
Auch die Abtropftasse der Spüle eignet sich gut für die Badeprozedur: Perser creme beim Einschäumen (Foto: Privat)

wäre im feuchten Fell absolut von Übel, weil er noch mehr filzt. Schieben Sie bei größeren Knubbeln einen Kamm zwischen Haut und Knoten und zupfen ihn mit den Fingern behutsam auseinander. Das schützt auch vor Verletzungen, wenn Sie ihn herausschneiden wollen (wenn Mieze nicht ausgestellt wird).

Die Gesichtspflege
Verwenden Sie für das Gesicht ein mildes, pH-neutrales Kitten-Shampoo und ein Schwämmchen oder einen Waschhandschuh, und umgehen Sie vorsichtig Augen und Nase, vor allem beim Spülen! Zum Bürsten eignen sich kleine, feine Kämmchen oder eine saubere Zahnbürste. Mit Wattestäbchen werden die Oh-

ren gereinigt, soweit man sehen kann – bitte nicht im Gehörgang herumbohren. Während für die »normale« Augenpflege (auch von Nase und Kinn) angefeuchtete Wattepads ausreichen, werden Sie bei Tränenspuren (z.B. homöopathischer) Unterstützung bedürfen: Calendula-Augenwasser hilft, riecht gut und die Katzen mögen es gern. Auch braune Krusten, die Mieze gar nicht erst haben sollte, lassen sich nach kurzer Einwirkzeit damit gut auflösen. Verfärbungen im weißen Fell können mit Reinigungsflüssigkeit, wie sie für Kontaktlinsen benutzt wird, entfernt werden: Mit einem Wattepad sanft einmassieren – achten Sie bitte darauf, dass nichts! in die Augen gelangt – kurz einwirken lassen und mit (Augen-)wasser sauber putzen. Wenn Sie kein absoluter Profi sind, vermeiden Sie Puder in der Augengegend – ständiges Blinzeln, Tränen und rot entzündete Augen können die Folge sein. Wenn es unbedingt sein muss, massieren Sie vorsichtig mit den Fingerspitzen etwas Reisstärke bis auf die Haut und entfernen danach alle Reste mit einer Zahnbürste – vorsichtig und nur mit ganz leichtem Druck immer vom Auge nach unten bürsten!

Ab in die Wanne

Die wenigen allgemeingültigen Regeln sehen immerhin mehrere »Waschgänge« mit verschiedenen Shampoos und ebensolcher Wirkung vor. Es hört sich recht mühselig an, aber der Erfolg ist auch entsprechend.

Tipp

Wichtig: Beginnen Sie jedes Bad mit einem speziellen Shampoo zum Entfetten. Sofern Sie dafür unbedingt Waschpasten wie Goop oder GoJo verwenden wollen – die zwar einen fulminanten Effekt haben, aber den Säureschutzmantel der Haut angreifen – müssen Sie bei der routinemäßigen Pflege zwischendurch unbedingt mit einem Conditioner-Bad das Gleichgewicht wiederherstellen!

Nach dem ersten Durchgang (= entfetten) wird das für den »Hauptwaschgang« gewählte Shampoo in einer Tasse mit etwas Wasser verdünnt, auf dem nassen Fell gut verteilt aufgebracht und eingeschäumt. Dann gründlich spülen und das Ganze nochmals von vorn. Ist das Haar trocken und spröde, werden Sie trotzdem um einen »Zwischengang« mit einem Conditioner nicht herumkommen. Nehmen Sie nur

wenig (aber massieren Sie ihn dafür gut ein), sonst »steht« das Fell nicht und die ganze Prozedur war (fast) vergeblich! Der Trick liegt erstens im absolut gründlichen Spülen nach *jedem* Einschäumen, d.h. das ablaufende Wasser muss danach vollkommen klar sein (Shampoo-Reste nehmen dem Fell den Glanz und lassen es schneller wieder zusammenfallen), und zweitens im Föhnen: immer(!) gegen den Strich, bis jedes einzelne Haar bis zum Grund trocken ist. »Eigentlich schon trocken« ist nicht trocken genug, das Ergebnis wäre kläglich, also werfen Sie bitte nicht zu früh das Handtuch! Oft wird eine Föhnlotion verwendet, die jedoch bei einem exzellent wirkenden Shampoo unterbleiben kann.
Bei Rassen oder den (ausgesprochen seltenen) Naturschönheiten, die nicht unbedingt in die Wanne müssen, reiben Sie ein wenig Shampoo in die angefeuchteten fettigen Partien (= z.B. hinter den Ohren, unter den Achseln oder in die Halskrause), danach wieder gut spülen und trocknen
Pflegetipps für sämtliche Felltypen der zahlreichen Kurzhaarrassen würden nun den Rahmen dieses Buches bei weitem sprengen, aber die Bekanntschaft mit reichlich Wasser und einem passenden Shampoo kann auch bei einer Kurzhaarkatze, z.B. einer Abessinier, ihre Farbe so richtig zum Leuchten bringen. Allerdings mit Maßen und ein, zwei Wochen vorher, damit die Textur nicht unerwünscht weich bleibt.

Kamm oder Bürste?
Bei allen Miezen mit viel Fell/Unterwolle eignen sich Kunststoffbürsten gut fürs Trocknen, allerdings werden Sie manchmal etwas Spray brauchen, um das »Kleben« aufgrund statischen Aufladens zu verhindern. Die tägliche Pflege verträgt eine kleine, weiche »Draht«-Bürste mit abgewinkelten Zinken, einen weitzinkigen Kamm und eine Naturborsten-Bürste. Aber keine (!!) Gumminoppenbürste, mit der zu viel lebendes Haar herausgerissen wird, während im anliegenden Fellkleid von Siamesen, Orientalen, Abessiniern, Russen, Burma etc. rasch kahle Stellen entstehen könnten. Für sie eignen sich eine »luftige« Naturborsten-Bürste und zum Entfernen abgestorbener Haare ein feiner Kamm. Den letzten Schliff erhält Mieze zumeist durch »Polieren« mit einem Rehleder.
Fleißiges Kämmen und Bürsten reicht mitnichten unbedingt aus, wenn Sie mit Ihrer kurzhaarigen Schönheit hochfliegende Pläne haben. Zu viel des Guten kann nämlich das Gleichgewicht im Fett-

Mit einer lockeren Kunststoffbürste wird bei dieser British silver shaded gegen den Strich abgestorbenes Haar entfernt (Foto: Serth)

haushalt der Haut stören und Sie werden plötzlich mit Schuppen konfrontiert – die übrigens genauso wie ein fettes oder struppiges Haarkleid sehr wohl Anzeichen einer Störung des Allgemeinbefindens oder einer beginnenden Krankheit sein können. Und je mehr Sie versuchen, die lästigen Dinger herauszukämmen, desto mehr kommen nach. Versuchen Sie zunächst die Ursache zu ergründen; findet sich nichts und Mieze scheint gesund: Baden mit einem Entfettungs-Shampoo und zum Schluss ein alkoholhaltiger Spray können vordergründig helfen.

Spray – Schaum – Puder

Einen Spray oder Styling-Schaum fürs Finish brauchen Sie erst am Ausstellungsmorgen. Ob und welcher hängt von der Rasse und der gewünschten Griffigkeit des Fells ab. Perser und Exotic werden mit Styling-Schaum herzhaft »abgerubbelt« und danach trockengeföhnt. Für die etwas härtere Textur einiger

Tipp

Schuppen sind meist ein Zeichen beginnender Störung im Stoffwechsel und Sie sollten eine (schrittweise) Futterumstellung erwägen. Homöopathische Unterstützung bieten Sulfur D6 bei großen Schuppen auf warmer (evtl. geröteter) Haut oder Arsenicum album D6 bei kleinen, staubartigen Schuppen und blasser (eher trockener) Haut. Beide Mittel 2-mal täglich für zumindest 10 Tage. Wählen Sie bitte Kügelchen oder Tabletten, keine Tropfen = alkoholhaltig! Und reden Sie mit Ihrem Tierarzt!!

Halblanghaar-Rassen (wo das Fell nicht so aufstehen soll), eignet sich ein Spray besser, während bei Birma oder Ragdoll etwas Puder für die Halskrause fast unumgänglich ist und z.B. als krönender Abschluss gern ein Hauch Rosenwasser aufgesprüht und trockengebürs-

Das exzellent »saubere« Katzengesicht dieser Perser Harlekin verrät liebevolle Sorgfalt und gewissenhafte tägliche Pflege (Foto: Cermak)

tet wird, bis es richtig duftig wirkt. Haben Sie eine Kurzhaar-Katze gebadet und die Textur ist entgegen dem Standard zu weich, kann ein Spray ebenfalls für mehr Griffigkeit (= crispy) sorgen. Dass Sie danach die Pracht nicht mehr knuddeln sollten, versteht sich wohl von selbst.

Die Verwendung von Puder ist aufgrund der modernen Pflegepräparate ziemlich aus der Mode gekommen. Nach wie vor hilfreich ist es z.B. für eine duftige Halskrause oder hinter den Öhrchen bzw. unter den Achseln – bei *allen* Rassen. Achten Sie bitte darauf, dass es kein Silikon enthält: Es greift die Haut an! Massieren Sie Puder (nach dem Bad oder dem Anfeuchten einzelner Partien) ins fast trockene Fell ein und föhnen danach fertig. Wie viel auch immer Sie verwenden (wollen): Spätestens am Tag vor der Show muss mit Bürste UND Föhn alles Puder *komplett* herausgebürstet sein! Wenn ein Richter nach der Beurteilung wie eine Rokokodame aussieht oder der Steward wie ein Mehlwurm daherwankt, waren Sie sehr nachlässig – und Mieze wird womöglich disqualifiziert!

Und weil wir schon an diesem »Ende« sind: Kontrollieren Sie

Tipp

»Glänzt« Mieze mit gelblich-fettigen Haaren an der Schwanzwurzel, dem klassischen Fettschwanz (den nicht nur Kater haben können), sollte der nach einem Bad eigentlich verschwunden sein – ist er es nicht, können Sie es zusätzlich mit Geschirrspülmittel (weil es nicht rückfettend ist) versuchen. Auch für zwischendurch. Dieses die Katze sehr wohl störende Problem (auch wenn sie auf keine Ausstellung geht) kann bei Vernachlässigung Haarausfall, Hautekzeme und schlimmstenfalls eine Drüsenentzündung zur Folge haben. (Tierarzt?!) Pappen Sie bitte kein Kartoffelmehl drauf, das macht's nur noch schlimmer!

In krassen Fällen massieren Sie Calendula-Babyöl ein, lassen es zwei Stunden lang einwirken und waschen es dann gründlichst unter Verwendung von reichlich Geschirrspülmittel und/oder Goop heraus – ist Ihr männlicher Potenzprotz schon ein richtiger Stinker, wählen Sie Goop-Orange! Bitte immer gut spülen, spülen, spülen ...

Lohn der Mühe: Ein prächtiger Heilige Birma seal tabbypoint-Kater in perfekter Ausstellungskondition (Foto: Jim Brown)

auch das sehr geehrte Hinterteil. Eine gelegentliche etwas weichere Hinterlassenschaft, bei Lang- und Halblanghaarkatzen eine mittlere Katastrophe, kann durchaus auch eine Kurzhaarkatze verunzieren. Außerdem könnte Mieze unter Durchfall leiden, der natürlich nicht unbeachtet bleiben darf.

Für alle Rassen gelten diese Tipps als Empfehlung. Lassen Sie sich gezielt beraten, z.B. von Ihrem Züchter. Unerlässlich ist immer ein »Probedurchgang« mit dem gesamten Programm etliche Wochen vor einer Show, der unschätzbare Hinweise liefert, was Ihre Schöne wirklich noch schöner macht. Und Sie bekommen außerdem dadurch das notwendige Gefühl fürs Wesentliche!

Das Wochenenddomizil: Die Käfigausstattung

Machen Sie es Ihrer Katze bequem, d.h. planen Sie mit Maßen. Ein Käfig ist kein Abstellraum. Gehen Sie von einem Grundmaß von L/B/H 70x70x70 aus – leider sind die Käfige der verschiedenen Clubs meist auch unterschiedlich groß, aber größere habe ich noch nie gesehen. Nähen Sie die Gardine zur lückenlosen Abdichtung in einem Stück, außer es gefällt Ihnen partout nicht. Zu lange Vorhänge lassen sich unter dem Bodenbelag einschlagen (immer empfehlenswert, weshalb er etwa 90 cm hoch sein sollte) und wenn Sie einen biegsamen Teppich/Belag wählen, dieser auch. Ist alles zu klein oder zu kurz, sieht es eher seltsam aus und erleichtert der Bewohnerin das Umgraben erheblich. Ihrer Phantasie sind keine Grenzen gesetzt, aber bitte bedenken Sie bei der Wahl von Farben und Mustern, dass Sie Ihre Katze nicht »erschlagen« oder das Betrachten zu einem Suchspiel wird, sondern Miezes Schönheit unterstreichen soll, damit sie richtig zur Geltung kommt.

In erster Linie zählt jedoch, dass sie sich darin wohl fühlt! Sinnvollerweise muss die gesamte Ausstattung waschbar sein. Selbstverständlich werden Ihnen auch hier Züchter und Club mit Rat zur Seite stehen. In jedem Fall brauchen Sie (pro Katze):

- Eine Gardine für drei Käfig-Seiten (die Vorderfront bleibt natürlich frei) zwecks Wahrung der Intimsphäre und weil es adrett aussieht. Ein Gummiband längs der Oberkante ist empfehlenswert, dann haben Sie bei unterschiedlichen Käfiggrößen nicht zu kämpfen. Zum Befestigen eignen sich angenähte Bändchen oder Haken, zumindest vier, also

Die vortrefflich gewählte Käfigausstattung bringt die beiden silbernen Abessinier-Damen wunderbar zu Geltung (Foto: Cermak)

für jede Ecke eins. Ist der Stoff etwas schwerer oder das Gummiband nicht straff genug, würde der Vorhang durchhängen. Da hilft ein zusätzliches Bändchen dazwischen. Wählen Sie eher knitterfreie Stoffe, die den Transport nicht übel nehmen.

- Einen relativ weichen Bodenbelag (keine bockigen Teppiche), z.B. ein flaches (überzogenes) Schaumstoff-Kissen, das mit dem Vorhang harmoniert.
- Ein farblich passendes Schlafhäuschen, in das Mieze sich zurückziehen kann, wenn sie es wünscht (für Schüchterne mit Dach). Ob Sie sich später eher für eine Hängematte, ein Sofa oder was immer der Ideenreichtum der Hersteller parat hält entscheiden, hängt letztendlich vom Wohlgefühl und der Akzeptanz Ihrer Katze ab.
- Eine kleine Toilettenschale und eine Schaufel. Einstreu und ein Tütchen für die Entsorgung gibt's oft auf der Ausstellung gratis – verlassen Sie sich aber nicht darauf!

Schlafhäuschen, Federbett oder Kuschelbär – Hauptsache gemütlich! Maine Coon beim Nachmittagsschläfchen (Foto: Cermak)

Tipp für Besucher: Viele Katzen schlafen gern in der Einstreu, vorwiegend weil es kühl ist. Das ist absolut normal und bietet keinen Anlass zur Besorgnis!

- Wasser- und Futternapf. Für das Wasser haben sich Vogelnäpfchen gut bewährt, die man ins Gitter hängen kann – damit nicht alles schwimmt, falls Mieze die Einrichtung zu verändern wünscht.
- Greifen Sie beim Futterangebot für eine Show zum Verwöhn-Programm, Mieze hat es sich ver-

Tipp **für Besucher:**
Fast keine Katze trinkt auf einer Ausstellung (viele tun's zu Hause auch nur wenig), weshalb Sie bitte nicht den Tierschutzverein rufen müssen, wenn Sie einen Käfig ohne Wassernapf entdecken! Vielen fehlt auch die Muße zum Essen und sie nehmen gnädig höchstens ein Leckerli oder der Aussteller entfernt nach der Mahlzeit das Näpfchen, damit sich die Schöne nicht versehentlich hineinsetzt (die Bewegungsfreiheit ist ja doch ziemlich eingeschränkt). Auch das Fehlen eines Futternapfes ist daher kein Grund für Entrüstung.

dient. Praktisch sind natürlich Leckerli und Trockenfutter, aber alles ist erlaubt. Feuchtfutter regt die Verdauung schneller an, weshalb Sie es erst nach dem Richten reichen sollten – damit Sie Mieze's Laune nicht vermiesen, wenn sie plötzlich »muss« und nicht kann, weil sie gerade auf dem Richtertisch steht.

Der Reisekoffer

Abgesehen von allen Dingen natürlich, die Sie für Ihre eigene Bequemlichkeit benötigen, gehört die eben erwähnte Käfigausstattung eingepackt. Schlafhäuschen sind meist etwas sperrig – fahren Sie mit dem Auto, schafft das keine Probleme. Reisen Sie jedoch per Bahn oder Flugzeug, versuchen Sie einmal, ob Sie es als Innenausstattung des Reisekäfigs benutzen (oder vielleicht doch falten) können. Allerdings sollten Sie das viel zu warme Häuschen für die Dauer der Reise wieder herausnehmen. Das ist zwar etwas mühsam, aber für Mieze viel angenehmer. Berücksichtigen Sie, dass sie ja ihren Pelzmantel immer dabei hat und nicht wie Sie je nach Temperatur ihr Outfit wechseln kann ...

Übernachten Sie in einem Hotelzimmer, sorgen Sie bitte dafür, dass Sie es so sauber verlassen, wie Sie es vorgefunden haben (das gilt übrigens auch für den Ausstellungskäfig) – vielleicht wollen Sie ja wiederkommen und nicht mit schlechter Nachrede kämpfen? Eine Unterlage für die Katzentoilette und den Futternapf sind durchaus hilfreich (auch Zeitungspapier tut's, das Sie nicht wieder heimtragen müssen), ebenso wie vielleicht ein Schwämm-

Leuchtendes Rot für die »Kultkatze« – im eigenen Zelt lässt sich gut relaxen: British blue (Foto: Cermak)

> **Tipp** **Allzu potente Kater sind ein Kapitel für sich, da kann schon während der Reise ein Schutz aus der modernen Damenhygiene oder dem Inkontinenzbedarf aus der Apotheke verzweifelte Aktionen kurz vor »High Noon« verhindern helfen.**

chen oder eine Bürste zum Entfernen allzu reichlicher Katzenhaare oder wenn Mieze gekleckert hat. Bitte kippen Sie benutzte Einstreu nicht in die Toilette – das kann ausgesprochen teure Folgen haben! – einige kleine Plastiktüten belasten Ihr Gepäck nicht über Gebühr.

Haben Sie einen potenten Kater dabei, der sich bereits ganz gern duftmäßig verewigt, sollten Sie sich um ein entsprechend großes Badezimmer bemühen, in dem er sich nächtens nicht beengt und eingesperrt fühlt. Sonst dürfen Sie ihn höchstens mit Pampers frei laufen lassen! Ist trotzdem ein (kleines) Malheur passiert, kontaktieren Sie die Putzfee und zeigen Sie sich nicht kleinlich. Missachtung kann ebenfalls ins Geld gehen.

Wählen Sie gut, was Sie wirklich brauchen, denn Sie werden es tragen müssen! Falls es Sie tröstet: Neulinge beginnen gern mit dem Schrankkoffer, aber Sie werden bald herausfinden, was nicht nötig ist.

Also, für die Checkliste:

- Käfigausstattung
- Futter, Leckerchen, Näpfe/Tellerchen, Löffel (Dosenöffner?)
- Toilette, Einstreu, Streulöffel, Mülltüten (Pampers?)
- fürs Hotel: Unterlagen für Toilette und Näpfe, Schwammtuch
- Sicherheitshalber Desinfektionsspray + Küchentücher für den Käfig
- Pflegepräparate für das Finish (+ Föhn?)
- Anmeldebestätigung/Teilnahmebedingungen
- Evtl. Zahlungsnachweis bei Vorkasse
- Impfpass, evtl. Audiometrie-Test
- Das Katalog-Notiz-Zettelchen (aus dem Kapitel Anmeldung)
- Falls vorhanden oder notwendig: Wegweiser bzw. Stadtplan.

IV. It's Showtime!

Beginnen Sie den Ausstellungsmorgen möglichst ohne Hast, das tut auch der Katze gut, die Ihre auch nur gelinde Nervosität durchaus mitbekommt. Was bedeutet, dass Sie vermutlich zu nachtschlafener Zeit Ihre ungeziefer- und krankheitsfreie Wohlgepflegte sachte in den Transportkorb bugsieren und sich mit den notwendigen Utensilien so rechtzeitig auf den Weg machen, dass noch ein kleines »Zeit-Pölsterchen« bleibt.

Die Einlasskontrolle

Beachten Sie daher bitte unbedingt die Einlasszeiten für Aussteller (sie sind den Teilnahmebedingungen zu entnehmen), die für gewöhnlich spätestens um 9 Uhr enden, bei

Penible Tierarzt-Kontrolle beim Einlass am Morgen: British silver shaded (Foto: Niesel)

großen Shows sehr wohl auch früher! Sonst kann es Ihnen passieren, dass der amtierende Tierarzt nicht mehr da ist – ohne dessen Plazet Sie nicht in die Halle dürfen! Beizeiten angelangt werden Sie also (zumindest) zwei Warteschlangen vorfinden:

- Zuerst zum Tierarzt. Er überprüft den Impfpass/Audiometrie-Test, den allgemeinen Gesundheitszustand Ihrer Katze und sucht penibel nach Anzeichen eines eventuellen Parasitenbefalls. Manche nehmen es extrem genau und möchten Fieber messen und mittels Otoskop in die Ohren gucken – überwachen Sie bitte mit Argusaugen, ob beide Werkzeuge vor bzw. nach jeder Katze peinlichst desinfiziert werden!! Andernfalls wäre vehementer Einspruch absolut berechtigt! Ist der Tierarzt zufrieden, bestätigt er dies für gewöhnlich mit einer Paraphe auf Ihrer Meldebestätigung und Sie dürfen passieren.
- Danach folgt die Einlasskontrolle durch den Veranstalter, der Ihnen nach Vorweisen der Meldebestätigung einen Ausstellungskatalog aushändigt sowie ein Kuvert mit dem Käfig-Nummern-Bändchen für Ihre Katze (das sie für die Dauer der Ausstellung um den Hals tragen sollte), eventuell

Tipp

Überprüfen Sie bitte umgehend – aber möglichst ohne die hinter Ihnen Wartenden zu behindern – den Katalogeintrag Ihrer Katze auf seine Richtigkeit, damit Sie rechtzeitig, d.h. *vor* Beginn des Richtens im Sekretariat (mittels des vorhin erwähnten Formulars, sofern vorhanden) die Korrektur beantragen können.
Dazu kommt nun das hoffentlich vorbereitete Notizzettelchen (Kapitel Anmeldung) ins Spiel: Vergleichen Sie die Angaben mit dem Katalog und kontrollieren Sie auch das Geburtsdatum, denn das Alter kann bei der Bewertung sehr wohl eine Rolle spielen. Bei Differenzen fragen Sie im Sekretariat, ob der Irrtum bei diesem oder bei Ihnen liegt – *bevor* Mieze einen Fehlstart hinlegt! Tippfehler in den Namen (auch der Elterntiere, oder bei deren Titel und Farbe) sollten Sie großzügig betrachten, denn sie sind für den Wettbewerb ohne Belang – vielleicht war ja Ihre Anmeldung doch nicht so ganz leserlich?

einem Ausstellerabzeichen (mit dem Sie die Halle verlassen und wieder betreten dürfen, ohne wie ein Besucher zur Kasse gebeten zu werden) und, je nach Service, eine Liste der Richtereinteilung (= wer richtet welche Katzen), vielleicht auch einen Lageplan (= wo finde ich »meinen« Käfig?) und ein Formular für eventuelle Änderungen seit der Anmeldung (= z.B. Mieze soll in der nächsthöheren Klasse konkurrieren oder wurde etwa mittlerweile kastriert). Außerdem wird Ihnen Geld abgenommen, sofern Sie die Teilnahmegebühr noch nicht bezahlt haben.

Ist alles wunderbar, können Sie den für die Dauer der Ausstellung für Ihre Mieze reservierten Käfig suchen – in dem diese tunlichst auch bleiben sollte: So lange Sie mit dem Ablauf eines Showtages nicht präzise vertraut sind, sollten Sie mit Ihrer Süßen auf dem Arm weder in der Halle herumwandern noch zum Schönheitsfinale in einem stillen Kämmerlein verschwinden.

Häuslich einrichten

Bei den meisten großen Clubs werden die Käfige nach dem Aufstellen gesäubert und desinfiziert. Falls nicht, haben Sie doch vorgesorgt (Spray/Küchentücher)? Dekorieren Sie nun den Käfig und setzen Sie Ihre Katze erst zum Schluss ins adrette Refugium, mit allen Bequemlichkeiten versorgt. Hängen Sie ihr das Nummern-Bändchen um den Hals und achten darauf, dass es weder zu eng noch zu weit ist (= sie nicht mit der Pfote oder den Zähnen dran kann und sich möglicherweise verletzt oder hängen bleibt). Danach mehr oder weniger auf Nimmerwiedersehen zu verschwinden, ist schlechtes Aussteller-Know-how. Und wenn es unzweifelhaft noch so viel Interessantes zu sehen gibt, müssen Sie immer wie-

Tipp für Aussteller:
Ist es für Mieze eine Premiere oder findet sie Ausstellen generell nicht ausgesprochen unterhaltend, können Sie ihr Selbstvertrauen alternativ unterstützen: Das homöopathische Schatzkästlein bietet wahlweise eine Tablette Argentum nitricum D30 am Morgen und eine kurz vor dem Richten zur Hilfe ebenso an wie Bachblüten-Notfall-Tropfen, je 4-6 Tropfen gleichermaßen verabreicht.

der Miezes Befindlichkeit überwachen – Einstreu säubern, füttern, streicheln und/oder schlicht liebevoll für sie da sein!

> **Tipp**
>
> **Eine moderne/alte Praktik ist der TTouch (auf der Feldenkrais-Methode basierend): Dabei verschieben Sie mit den drei mittleren Fingern einer Hand unter sachtem Druck die Haut (verteilt über Körper und Kopf, soweit erreichbar) mit kleinen, abgesetzten 5/4-Kreisen (= beginnend bei 6 Uhr, voller Kreis, Ende 9 Uhr). *Nicht massieren*, d.h. nach jedem Kreis die Hand leicht anheben. Testen Sie's an Ihrem Unterarm, damit Sie ein Gefühl dafür bekommen – es funktioniert auch, wenn Sie kein Profi sind! Wenige Minuten insgesamt reichen, eventuell mehrmals über den Tag verteilt.**

Seelische Belastung kann zu Übelkeit und/oder Durchfall führen, das kennen wir von uns selbst wohl ebenso. Lassen Sie Mieze in ihrem Schlafhäuschen erst ein wenig zur Ruhe kommen, bevor Sie ihr in einem solchen Fall leichtverdauliche Häppchen (wie z.B. gekochtes Hühnchen, frisch, kein Dosenfutter) anbieten. Bei Stress vergeht jedem Lebewesen der Appetit, nimmt sie es also an, hat sie sich auch emotional schon »eingerichtet«. Kriegt sich Mieze gar nicht ein, hat sie auf einer Ausstellung guten Gewissens wirklich nichts verloren!

Der »technische« Start

Ist die Schöne wohl versorgt und jedes Härchen sitzt, wo es soll, können Sie die Blicke schweifen lassen und sich um die nächstwichtigen Details kümmern, wie etwa, bei welchem Richter sie eingeteilt ist. Haben Sie beim Einlass keine Auflistung bekommen, müssen Sie die Tafeln bei jedem Richtertisch studieren, bis Sie die Kategorie/Rasse und Farbnummer Ihrer Mieze gefunden haben – fehlt sie womöglich (kann vorkommen), melden Sie dies bitte im Sekretariat. *Jetzt* einen Richterwunsch anzumelden, würde nicht nur die gesamte (sehr komplizierte) Einteilung über den Haufen werfen, sondern auch einen Rattenschwanz administrativer Umschichtungen nach sich ziehen – weshalb derlei Ansinnen möglichst unterbleiben sollten (und für

Tipp **Lassen Sie sich in einer ruhigen Minute von einem Steward/Chefsteward den »Steward-Griff« zeigen, mit dem eine Katze nicht nur problemlos aus dem Käfig geholt werden kann (ohne dass sie mit der Pfote die halbe Einrichtung mitnimmt), sondern der auch bei jedem Tierarzt-Besuch gute Dienste leistet, wenn Mieze nicht freiwillig aus dem Transportkorb steigen will.**

gewöhnlich auch erfolglos sind). Es sei denn, Sie haben wirklich wohl begründete Einwände – das Ansichtigwerden der überirdischen Schönheit einer Konkurrenz-Katze gehört zweifellos nicht dazu!!

Stewards
sind als unverzichtbare und unermüdliche Helfer ein wesentliches Element jeder Show – leicht erkennbar an den Einheitsmäntelchen. Beim derzeit herrschenden Mangel wird vermutlich jeder Richter maximal zwei Helfer zur Verfügung haben. Fragen Sie einen der für Ihren Richter zuständigen (oder Ihren Käfig-Nachbarn), ob die Katzen geholt werden oder (für gewöhnlich nach Aufruf) vom Besitzer gebracht werden müssen. Haben Sie mehrere Katzen dabei, entscheiden Sie rechtzeitig (bevor das Richten beginnt), welche Katze/n Sie selbst präsentieren können/wollen und welche der/die Steward/s holen müssen bzw. ob Sie Hilfe von Aussteller-Kollegen erbitten sollten ... sonst kommen Sie heftig ins Schleudern und es bleibt nicht viel Spaß an der Sache. Geben Sie Ihrem zuständigen Steward ein Zettelchen mit Ihrer Käfignummer und bitten Sie ihn, ihre Katze/n zu holen. Das erspart

Tipp **Verpassen Sie den »last call« und/ oder der Steward kann Ihre Mieze nicht finden, ist es durchaus möglich, dass die Schöne auf der Abwesenheitsliste landet und nicht gerichtet wird. Sperren Sie daher keinesfalls den Käfig ab, wenn Sie die Halle (auch nur kurzzeitig) verlassen und achten Sie immer auf die Durchsagen!! Also bitte auch beim Plaudern immer ein Ohr in Richtung Bühne und ein Auge auf Ihre Mieze halten!**

Vorbildliche Präsentation einer Hauskatze durch die Richterin (Foto: Cermak)

ihm die Verzweiflung wiederholter (Zeit raubender) Aufrufe. Vergessen Sie nicht, sich zu bedanken – es ist ein harter Job ohne Entgelt.

Der Steward ist zwar verpflichtet, jede Katze zu suchen, aber irgendwann weiß er auch nicht mehr weiter. Vor allem, wenn er vor einem verschlossenen oder womöglich gar leeren Käfig steht, weil Sie Ihre Mieze anderswo, z.B. im leeren Nachbarkäfig Ihrer Freundin einquartiert haben (was eigentlich verboten ist!). Ein »Nach-Richten« ist ausschließlich dann möglich, wenn der Organisator keine Einwände hat und der Richter mit der Farbe/Kategorie noch nicht fertig ist!! Abgesehen davon, dass derlei keine Laune macht, kostet das Ihre Katze bei direkter Konkurrenz in der Klasse selbstverständlich das Zertifikat – Sie hätten ja auch keine Freude, wenn Ihrer Mieze z.B. das bereits erhaltene CAC wieder weggenommen wird, weil plötzlich ein verschlafener Aussteller mit der Konkurrenz herbeihastet!!

Ein guter Steward weiß, was er zu tun hat und wird jede Katze optimal präsentieren – egal, ob sie ein sichtlicher Topstar ist oder nicht – und auch den Richter nicht bei seiner Arbeit verbal »unterstützen«. Er dient als Mittler zwischen Ihnen, Ihrer Katze und dem Richter – jedenfalls, wenn er seine Tätigkeit richtig interpretiert. Exzellente Stewards sind eine Mangel»ware«, gefragt und umhegt, womit nicht jeder umgehen kann und gelegentlich der Eindruck entsteht, sie wären die Zentralfigur der Show. Nehmen Sie's gelassen, die Arbeit ist mit wenig Ehre verbunden – wenn etwa einem Aussteller die Stimme entgleist, weil seine Katze aufgrund der »schlechten« Präsen-

Der Blick eines Königs: Siam blue tabbypoint, exzellent vorgestellt (Foto: Cermak)

tation z.B. den Rassesieg nicht bekam ... allenthalben sich der damit gröblich unterschätzte Richter als Sündenbock nicht so gut eignet.

Ein Manko an Perfektion gibt's im Gegenzug natürlich auch, daran erkennbar, dass er/sie sich die Wohlgepflegte einfach unter den Arm klemmt oder die langhaarige Wolke mit beiden Armen liebevoll an die Brust drückt, sodass die Pracht einige Einbußen erfährt ... reißen Sie dem Neuling bitte nicht gleich die Ohren ab, Anfänger gibt es aufgrund der wenig Willigen überall und sie müssen es eben noch lernen. Eine freundliche Bitte hat daher zweifellos mehr (nachhaltige) Wirkung. Wie wär's denn, wenn SIE sich einmal zur Verfügung stellen würden?

Tipp für Besucher: Reges Publikumsinteresse freut den Veranstalter, für den Steward bedeutet es einen Spießrutenlauf durch die Menge. Bitte achten Sie auf »Platz für die Katz« oder ähnliche Ersuchen, dämpfen Sie jeden noch so berechtigten Jubelschrei und versuchen auch nicht, die Katzen zu berühren – sie fühlen sich ungeschützt genug und viele fremde »Polypenhände« können sie durchaus beunruhigen!

Wann ist meine Katze dran?

Jede Rasse wird innerhalb ihrer Farbe in der je Richter aufgelisteten Reihenfolge und auf Basis des Katalogeintrages gerichtet, die der Richter nicht willkürlich ändern kann (abgesehen von gelegentlichen Abweichungen innerhalb einer Farbe/Klasse oder wenn er eine Prüfung abzunehmen hat). Aufgrund der angegebenen Kategorien/Rassen und Farbnummern können Sie anhand des Kataloges (sofern dies nicht schon auf der Tabelle steht) feststellen, wie viele Katzen beurteilt werden, bevor Ihre an der Reihe ist. Sind innerhalb einer Rasse genügend Katzen derselben Farbe (mindestens drei Unkastrierte bzw. drei Kastraten) im Bewerb um die Best in Varietät, verlängert sich die Zeit für die Wahl der Siegerin. Ebenso wie bei einem dazwischenliegenden Kategoriewechsel. Üblicherweise wird mit der letzten Katze einer Kategorie diese mit den Nominierungen für Best in Show abgeschlossen.

Sind weniger als zehn Katzen vor Ihrem Liebling, werden Sie das Frühstück verschieben müssen.

Die aparte Eleganz einer Russisch blau erfordert lockeres Halten und soll die langen Beine so richtig zur Geltung bringen (Foto: Cermak)

Denn spätestens kurz bevor Mieze an der Reihe ist, sollten Sie schon parat stehen, um sie rechtzeitig zu holen und, sofern vorgesehen, selbst zu präsentieren. Falls Sie nicht den Steward gebeten haben.

Tipp für Besucher: **Eine Katze ohne störendes Gitter in »action« betrachten zu können, ist zweifellos ein besonderes Erlebnis. Aber auch wenn keine erkennbare Abgrenzung oder Bühne zu sehen ist, dürfen Sie das Richter-Areal nicht betreten. BITTE zeigen Sie Verständnis, halten Sie *mindestens* zwei Meter Abstand und bewahren Sie Ruhe!**

Rund um den Richtertisch

Für welche Kategorie/n ein auf dieser Show amtierender Richter eine Prüfung abgelegt hat und zugelassen ist, finden Sie üblicherweise auf einer der ersten Seiten des Katalo-

Der Richter zeigt, wie's gemacht wird: Perfekte Präsentation eines Norwegischen Waldkaters (Foto: Cermak)

ges. Das höchste der Gefühle sind Allround-Richter, die alle Kategorien richten dürfen. Ungeachtet ihrer Zulassung können Hauskatzen von sämtlichen Richtern beurteilt werden (sie gehören zur Grundausbildung). Die Befähigung bedeutet aber nicht notwendigerweise, dass ein Richter Katzen dieser Kategorie an diesem Tag auch zugeteilt bekommt. Die Disposition durch den Organisator beruht auf einem Abwägen zwischen der Anzahl der Katzen in den einzelnen Kategorien und der Anzahl der dafür legitimen Richter – die pro Tag nicht mehr als 30/40 (absolutes Maximum) Katzen auf den Tisch bekommen dürfen.

Seit vielen Jahren wird nicht mehr zurückgezogen im stillen Kämmerlein beurteilt, sondern »offenes Richten« praktiziert. Das bedeutet, dass jedermann – kommentarlos! – zuschauen und zuhören darf und der Richter seine Entscheidungen coram publico bekannt geben und begründen sollte.

Richtiges Präsentieren

Das lässt sich am besten durch Abgucken lernen. Oder Sie lassen es sich zeigen, von einem Steward, vom Chefsteward (vor dem Richten, mitten im »Gefecht« wird niemand dafür Zeit finden) oder bitten Sie beherzt den Richter, er/sie wird

Ein Bengal, in »natürlicher Länge« unbefangen auf der Hand sitzend (Foto: Cermak)

sehr wohl Verständnis dafür haben und gerne helfen (das ist keine »Schande«, sondern bekundet sinnenhaftes Interesse) – denn er/sie muss es auf jeden Fall wissen! Üben Sie danach ein bisschen daheim vor dem Spiegel, damit sich auch Mieze daran gewöhnt, denn das richtige Halten »im freien Fall« ist nicht jederkatz' Sache. Vielleicht finden Sie ja auch ein Bild mit Dokumentationscharakter hier im Buch. Eine perfekte Präsentation kann jedenfalls schon mal Punkte bringen, also nehmen Sie das nicht allzu lässig und überlassen dies anfangs besser dem Steward, bis Sie's können (was Ihre Katze sicher zu schätzen weiß, vor allem, wenn Sie nervös sind).

Grundsätzlich gilt »körpergerecht« für alle Rassen, dem Standard ent-

Tipp für Richter:

Man sieht es einem Richter an, ob er Katzen gerne berührt oder etwa vor einer schlecht gelaunten Mieze zurückscheut. Gelegentlich erhebt sich schon die nicht ganz unberechtigte Frage, warum jemand diese Laufbahn eingeschlagen hat. Leider relativ oft werden die Katzen an Speiche und Elle der Vorderpfoten hochgezogen – das arme Tier hängt mit seinem ganzen Gewicht daran und fühlt sich höchst unwohl, was durch den Gesichtsausdruck und die flachgelegten Ohren für jedermann deutlich sichtbar wird. Das muss wirklich nicht sein! Den gleichen Effekt zur Betrachtung bringt das Halten unter den Achseln, wobei die Katze locker in der Beuge zwischen Daumen und Zeigefinger schwebt.

Für einen »richtigen« Richter gibt es auch keine hässlichen Katzen, sondern nur solche, die eben nicht dem Standard entsprechen. Was in der Klassierung genügend Ausdruck findet.

Einen guten Richter zeichnet nicht nur technisches Wissen, sondern vor allem das Gefühl im Umgang mit der Kreatur aus, das Gott sei Dank die meisten haben. Viele orientieren sich nach der »amerikanischen Schule« und einige sind einfach »begnadet« – bei der Leichtigkeit und Liebenswürdigkeit im Handling geht dem Betrachter wahrlich das Herz auf. Da möchte man gerne Katze sein ... die diesen Umgang sichtlich genießt!

sprechend, d.h.: Perser, Exotic, Briten werden »kurz« gewünscht und auch so gehalten, lang gestreckte Körper (Maine Coon, Norweger, die gesamte Kategorie IV = Orientalkatzen) demzufolge gestreckt präsentiert. Leicht gestreckt empfiehlt sich für Bengal, Rex, Europäer, Japanese Bobtail, Egyptian Mau, Russisch blau und Ocicat, während der veritable »Rest« (Abessinier, Burma, Burmilla, Chartreux etc.) in »natürlicher Länge« auf der Hand sitzen soll.

Stehen auf dem Richtertisch sollten Sie ebenfalls zu Hause üben. Ganz besonders dann, wenn für Ihren künftigen Superstar daheim Esstisch-Verbot herrscht, weshalb ich dieses z.B. eingegrenzt habe: Tabu ist der Tisch nur, wenn er gedeckt ist. Sonst wird sie sich unwohl (weil auch ungeschützt)

Gute Stewards wissen, mit welcher Unterstützung eine Katze so locker auf dem Richtertisch stehen bleibt. Das Profil verrät: Ein Norweger Kitten (Foto: Cermak)

fühlen, herumhampeln, sich in Ihrer Kleidung verkriechen oder schlicht heimgehen wollen. Was manchen auch im Ansatz gelegentlich gelingt, weshalb eine Hand leicht vor der (Katzen!-)Brust gehalten (ein bisschen kraulen dabei) solches Begehren rechtzeitig bemerken und verhindern lässt. Gucken Sie trotzdem nicht anderswohin, sonst hüpft sie einfach drüber! Optimal vorgestellt sitzt oder steht Mieze auf dem Richtertisch und lässt sich (hoffentlich) friedlich drehen und wenden. Tut sie das nicht, können Sie dem Richter die Arbeit erleichtern, wenn Sie ihm die gerade benötigte Schokoladenseite zuwenden – Sie sehen anhand des

Richterberichtes

(auch wenn er für Sie verkehrt herum liegt), was er gerade zu sehen wünscht: Er hat üblicherweise zwei Zeilen für jedes Kriterium, beginnend mit dem Typ (= Gesamterscheinung), dann folgt die Beurteilung des Kopfes, der Augen, der Ohren, des Fells, des Schwanzes und endet mit den Bemerkungen (Sie erinnern sich: Die Sache mit der Kondition und Pflege). Danach vergibt er quasi als Höhepunkt die Qualifikation (siehe Fachchinesisch). Kommt Mieze für die Best in Varietät in Frage, behält er sie meist zurück oder, wenn sehr viele Katzen in dieser Farbe konkurrieren, wendet das »k.-o.-Prinzip« an: Die Katze bleibt so lange, bis er eine bessere auf den Tisch bekommt. Hat er in der gleichen Farbe zwischen verschiedenen Altersklassen zu wählen, bleiben auch mehrere zurück, die dann am Ende miteinander verglichen werden, um den Gewinner zu küren. Diese Katze hat natürlich dann auch gute Chancen, für das Finale, die Best in Show, nominiert zu werden – was meist nach der letzten Katze jeder Kategorie erfolgt. Manche Richter machen's gern span-

Tipp

Es lässt sich unheimlich viel lernen, wenn man einem Richter bei der Arbeit zusieht, also sollten Sie Gebrauch davon machen. *ABER bitte reden Sie ihm nicht drein!* Weder unfeine Hinweise auf etwaige Fehler einer Konkurrenz-Katze noch sonstig Vernehmbares sind angebracht. Verbale Zurückhaltung ist oberstes Gebot für jeden Präsentator, egal ob Aussteller oder Steward – außer, der Richter wünscht eine Information!!

Feinfühliges Handling zeichnet einen exzellenten Richter aus: Das Temperament eines Burma chocolate-Katers, entspannt »gebannt« (Foto: Cermak)

nend und nominieren erst, wenn sie alle Kategorien fertig gerichtet haben. Dann müssen Sie sich noch gedulden!

Schweigen ist (nicht immer) Gold ...

Weder der Hinweis, warum Sie keine Zeit zum Baden hatten noch das Bemängeln der »falschen« Lichtverhältnisse für die Augenfarbe Ihrer Mieze oder nettes Plaudern sind angezeigt. Das könnte unvorteilhaft nach Beeinflussung aussehen und nicht nur den Richter, sondern auch die Konkurrenten durchaus vergrämen. Heben Sie sich derlei auf, bis der Richter mit seiner (gesamten) Arbeit fertig ist, dann können Sie alles fragen, was Ihnen am Herzen liegt.
Nun sind jedoch einmal erteilte Richterurteile unanfechtbar, weshalb notwendige Hinweise sehr wohl berechtigt sind – was ist ein »notwendiger« Hinweis? Sollte er

Ihrer Mieze eine Trächtigkeit oder Gesäuge andichten (was der amtierende Tierarzt entkräften kann), beim Katerchen nur einen Hoden finden, einen Knickschwanz feststellen (lassen Sie sich das zeigen, vielleicht haben Sie's ja bisher übersehen?) oder Sie einer gröberen Manipulation verdächtigen – und Sie ein reines Gewissen haben bzw. mit dem Standard entsprechend vertraut sind – dann müssen Sie dieses nicht unwidersprochen hinnehmen. Im Zweifel wird der

Wenn Mieze das »freie« Halten nicht geheuer scheint: Auf diese Weise, mit beruhigendem Körperkontakt im Rücken, lassen sich alle Rassen gut präsentieren, die »kurz und rund« gewünscht werden – wie die British blue Lady fürs Foto hier schön demonstriert (Foto: Cermak)

Richter einen Kollegen/Tierarzt hinzuziehen. Aber bitte: Der Ton macht die Musik! Bleiben Sie sachlich – grimmige Diskussionen begeistern höchstens die Zuhörer ...

Wertung innerhalb der Rasse/ Farbe

Zur vereinfachenden Darstellung ein Beispiel: In der Kategorie III, Rasse Burma, Farbe braun, sind insgesamt sechs Katzen gemeldet, anwesend und gereiht lt. Katalog: Ein männlicher Grand International Champion, ein weiblicher Premior, zwei Jungtiere (ein Kater, ein Mädchen) und zwei männliche Kastraten ohne Titel. Alle sind demzufolge allein in der Wertungsklasse, außer den beiden männlichen Kastraten, die untereinander um das Zertifikat konkurrieren. Der Richter hat somit drei nichtkastrierte Tiere, die zusammen um die Best in Varietät (früher: Rassesieg) rivalisieren, und drei kastrierte Tiere, die für die Best in Varietät-Kastrat miteinander verglichen werden. Kastrierte und nicht-kastrierte Katzen konkurrieren niemals untereinander! Damit nun nicht alle Miezen so lange herumsitzen müssen, wird in diesem Fall der Richter umdisponieren und nicht lt. Kata-

Zum Vergleich: Eine Chartreux, die »echte« Kartäuserkatze, deutlich schlanker und hochbeiniger als die Britin davor (Foto: Cermak)

log reihen, sondern z.B. zunächst die drei unkastrierten Tiere bewerten und die Beste der Farbe wählen, danach die kastrierten Katzen richten und von diesen wiederum die Best in Varietät ... blicken Sie noch durch?

Tipp

Heben Sie sich darum den Katalog gut auf (sofern Sie sich nicht vorher einen alten zwecks Übung organisieren können) und kreuzen Sie zu Hause in aller Ruhe mittels der Richtereinteilung alle Katzen – zunächst EINES Richters – an. Machen Sie dann mithilfe des Reglements im Kapitel »Fachchinesisch« eine Aufstellung der möglichen Ergebnisse und vergleichen diese mit der Wertungsliste (die Sie am Ende einer jeden Ausstellung bekommen): Bingo! Sie können auch ein paar Jahre aufmerksam zugucken ...

In unserem Beispiel geht's nun um die »Wurst«: Alle Teilnehmer haben ihr Zertifikat erhalten, außer einem der beiden männlichen Kastraten, der notwendigerweise als Zweitschönster das »vorzüglich 2« bekam und somit vom weiteren Wettbewerb ausgeschlossen ist. Für ihn ist der Tag quasi gelaufen und er darf nach Hause (= in den Käfig zurück!! Bitte nicht wörtlich nehmen!). Alle anderen könnten mit sämtlichen Katzen/Rassen der Kategorie III, die ebenfalls zumindest das »vorzüglich 1« bzw. Zertifikat erhalten haben, miteinander für die Nomination zur Best in Show verglichen werden.

Fazit, kurz gefasst:
***Ausschließlich* Katzen mit »vorzüglich 1« (Kitten und Jungtiere) und »vorzüglich 1 plus Zertifikat« (bei allen über 10 Monate alten Katzen bzw. Kastraten) kommen sowohl für die Best in Varietät bzw. als Vorschlag für die Best in Show = Nomination infrage.**

Wie viele Katzen kann ein Richter nominieren? (= 97 Punkte)

Pro Kategorie (die er gerichtet hat) ungeachtet der Titel sein/e/n

- besten erwachsenen Kater
- beste erwachsene Katze
- besten männlichen Kastrat
- besten weiblichen Kastrat
- bestes Jungtier 6-10 Monate
- bestes Kitten 3-6 Monate

Bei Kitten und Jungtieren gibt es keine Unterscheidung nach Geschlecht, weshalb er jeweils nur eines vorschlagen kann. Das bedeutet weiterhin, dass er in jeder seiner Kategorien die besten aller Rassen ungeachtet ihrer Farbe miteinander vergleichen muss – also z.B. bei den Halblanghaar eine Maine Coon mit den Norwegern, Birma, Ragdoll, Türkisch-Van/Angora, Sibirer etc. – und nur einen einzigen (in jeder Klasse wie oben) davon fürs Finale vorschlagen kann.

Hat ein Richter Katzen aller vier Kategorien gerichtet, *kann* er demzufolge maximal 24 Katzen nominieren – er muss aber nicht, wenn er der Meinung ist, dass die Katze zwar das Zertifikat, aber nicht mehr verdient hat. Ausnahme: Er hat ein CACE/CAPE = ebenfalls 97 Punkte, vergeben. Und selbstverständlich kann er auch nicht nominieren,

Der »Steward-Griff«: Eine Hand, locker vor der Brust gehalten, verhindert, dass diese Egyptian Mau einfach davonspaziert. Leicht angehoben kommen so auch die schönen langen Beine zu Geltung (Foto: Cermak)

was er nicht hat, weshalb ein Richter allein selten so viele Katzen auf die Bühne bringt.
Bei den Hauskatzen gibt es keine Nominierung, sondern die jeweils mit I klassierte (und somit beste) männliche und weibliche kommen (automatisch) auf die Bühne und konkurrieren um »Beste Hauskatze« und »Beste Hauskatze opposite Sex« (= anderes Geschlecht).

Tipp

Kleiner Tipp am Rande:
Ohne Richter gibt es keine Best in Show. Benötigt Ihre Katze keinerlei Auffrischung, können Sie sich's gemütlich machen, solange Sie alle Richter im Blickfeld haben ...

Das Richten ist beendet
Eine gute Organisation zeichnet sich durch eine ebensolche Einteilung aus, d.h. alle Richter werden mit kleineren Abweichungen mehr oder minder gleichzeitig mit ihrer Arbeit fertig – bei »normalem« Ablauf ohne besondere Vorkommnisse, die natürlich nicht berechenbar sind. Alle haben sich eine Pause verdient und auch Sie können diese für ein (teilweise vermutlich verspätetes) Mittagessen nutzen. Bis zum Beginn der Best in Show ist Relaxen angesagt – außer es ist dazwischen die Ehrung der Best in Varietät-Gewinner geplant (und Ihre Schöne ist dabei), dann müssen Sie mit ihr zur Bühne und sich den Pokal oder die Schleife abholen. Oder Mieze ist für die Best in Show nominiert und benötigt noch einen letzten Schliff für den Countdown, weshalb Sie möglicherweise das Dessert verpassen – worauf Sie zweifellos gerne verzichten.

Im Laufe des Nachmittags werden Sie den Richterbericht samt Urkunde entweder auf Ihrem Käfig vorfinden bzw. können ihn unter Vorweis des Nummern-Halsbändchens z.B. bei der Information abholen. Sind sichtlich alle Bewertungen bereits ausgeteilt und Sie haben noch immer keine, fragen Sie im Sekretariat danach – er kann vergessen oder verlegt worden sein oder hat womöglich einen obskuren »Sammler« begeistert. Bleibt er unauffindbar, werden Sie sich mit einer Kopie zufrieden geben müssen! Das soll Sie nicht ärgern, wichtig ist die Qualifikation, nicht das Papier.
Kontrollieren Sie den Richterbericht auf seine Richtigkeit in Bezug auf die Qualifikation, d.h. vergleichen Sie zunächst die richterliche Bewertung mit den Angaben auf der Urkunde: Hat er z.B. korrekterweise ein CAGCIB vergeben und

Sie finden etwa ein CAGPIB auf der Urkunde, muss das Sekretariat unverzüglich eine Berichtigung vornehmen. Liegt der Fehler beim Richter, muss er ihn persönlich ausbessern und dieses abzeichnen – nicht Sie, sondern das Sekretariat hat derlei zu veranlassen. Weshalb Sie bei Differenzen eiligst dort auftauchen und darauf hinweisen sollten. Nobody is perfect und jeder kann sich mal irren, also bitte piano!

Benötigen Sie eine »Gegenzeichnung«, wenn Sie z.B. bereits ein CAC vom gleichen Richter haben (Details finden Sie im Fachchinesisch), bitten Sie ebenfalls im Sekretariat um Unterstützung. In den meisten Fällen wird ein Mitarbeiter Sie mit oder ohne Katze zu einem Alternativrichter geleiten und ihn um seine Unterschrift (= Gegenzeichnung) auf dem Richterbericht bitten. Womit dieser bestätigt, dass auch er Ihrer Katze die gleiche Bewertung gegeben hätte, wäre sie ihm zugeteilt gewesen. Sofern Sie sich jetzt fragen, warum Sie nicht gleich diesen Richter bekommen haben: Weil der Veranstalter nicht wissen kann, von welchen Richtern Ihre Katze bisher schon beurteilt wurde – das ist Ihr »Revier«. Und z.B. ein Grund für einen Richterwunsch bzw. eine Ablehnung, den Sie jedoch bereits auf der Meldung deponieren sollten (sofern derlei zum Service des Organisators gehört).

Übrigens: In der »Katzen«-Halle herrscht absolutes Rauchverbot! – außer im Bereich einer Cafeteria oder eines Restaurants. Und: Lassen Sie bitte rund um die (oder auf der) Bühne Ihr Handy ausgeschaltet!

Bretter, die die Welt bedeuten: Die Best in Show

Geschäftiges Treiben innerhalb des dafür vorgesehenen Areals kündigt den Höhepunkt des Tages an. Die Bühnenkäfige werden mit Nummern versehen, die Richtertische für die Präsentation umgestellt und die Siegestrophäen – meist Pokale und Kokarden, gelegentlich auch Sachspenden – aufgebaut. Der Conférencier gibt über Lautsprecher durch, mit welcher Kategorie begonnen wird und ruft die Nummern der in dieser nominierten Katzen auf. Womit die Besitzer gebeten werden, Ihre Katze/n zu bringen und in den entsprechenden Käfig zu setzen. Darf Ihre Samtpfote mitspielen, VERPASSEN SIE BITTE DEN AUFRUF NICHT!! Darf sie nicht, sollten Sie trotzdem dabei sein, denn das Finale hat einen eigenen Zauber – der leider nur dadurch etwas geschmälert wird, weil viele (auch Aussteller) nicht wirklich wissen, was »da oben« vor sich geht.

Sind in allen vier Kategorien jeweils zumindest 15 Katzen im Katalog angeführt und auch anwesend, gibt es für jede Kategorie eine eigene Best in Show. Sind es weniger, müssen (NUR für den Bewerb innerhalb der BiS) Gruppen gebildet werden, d.h. die Kategorie I mit II und die Kategorie III mit IV. Dabei werden zwar die Besten jeder Kategorie fürs Finale vorgeschlagen, auf der Bühne konkurrieren aber die Katzen der zusammengezogenen Kategorien untereinan-

Am Gesicht, den aufgestellten Ohren und der lockeren Schwanzhaltung lässt sich gut erkennen: Der golden shaded Perser findet die »luftige Umgebung« nicht unangenehm (Foto: Grohmann)

der – der/die Gewinner/in wäre dann z.B. Best in Show Kurzhaar/Orientalkatzen.
Alle von sämtlichen Richtern nominierten Katzen werden bei der Best in Show auf der Bühne präsentiert – und zwar ausschließlich von Stewards! Besitzer, Züchter, Freunde, Verwandte, Fans usw. haben im dafür vorgesehenen Areal nichts zu suchen und es ist auch nicht empfehlenswert, dem gerade präsentierten Eigentum mit einem aufmunternden »sei schön brav, Schnurrli« oder was auch immer beizustehen. Die meisten Richter werden bedingt durch das offene Richten und/oder eifriges Ausstellen wohl viele Katzen kennen, der Besitzer sollte sich aber durch vornehme Zurückhaltung auszeichnen ...
Mit welcher Kategorie die Best in Show begonnen wird, bleibt dem Organisator überlassen – meist folgt er dem Katalog, aber er muss nicht. Ebenso ist es möglich, innerhalb der Kategorie die Reihung zu ändern, also z.B. mit den Kastraten oder den Kitten zu beginnen statt wie üblich mit den Erwachsenen.

Die Wahl der Best in Show erfolgt immer öffentlich vor Publikum und alle an diesem Tag amtierenden Richter (und eventuelle Richterschüler) nehmen daran teil. Haben sie auf der Bühne Platz genommen, werden sie vom Präsentator vorgestellt und nun geht's los:
Wir beginnen unsere fiktive Best in Show mit den ***Hauskatzen***, zwei an der Zahl, also die jeweils mit I klassierte weibliche und männliche. Sie konkurrieren um das Prädikat »Beste Hauskatze«, während die Zweitplatzierte als »Beste Hauskatze opposite Sex« (= anderes Geschlecht) nicht minder gewürdigt wird und beide nach Nennung von Name und Besitzer und Überreichung ihrer Preise die Bühne verlassen.
Danach folgt die ***Kategorie I***. Zunächst werden alle männlichen (nicht kastrierten) nominierten Perser und Exotic miteinander vergli-

Vorweg: Jeder Richter *muss* sein Stimmrecht bei *allen* Kategorien ausüben, die er an diesem Tag gerichtet hat. Ausnahme sind die Hauskatzen, über die sämtliche Amtierenden entscheiden, auch wenn sie keine auf dem Tisch hatten. Eine Stimmenthaltung ist nicht zulässig. Entscheidend ist die Stimmenmehrheit. Bei einem »Patt« entscheidet das Los, welcher Richter den Ausschlag gibt.

chen. Der Gewinner bleibt (noch anonym) auf der Bühne, während die anderen dem Publikum mit Namen, Farbe und Besitzer vorgestellt und danach in ihren Käfig zurückgebracht (oder dem wartenden Besitzer übergeben) werden. Das gleiche Prozedere durchlaufen nun alle weiblichen (nicht kastrierten) Perser und Exotic. Wieder bleibt die Gewinnerin (anonym) zurück und die anderen verlassen nach Vorstellung die Bühne. Der übrig gebliebene beste Kater konkurriert nun mit dem besten Mädchen um das Prädikat »Best in Show«, wobei die/der Unterlegene wiederum als »Best in Show opposite Sex« reich beschenkt und persönlich vorgestellt dem glücklichen Besitzer überreicht wird. Der/die Beste der Kategorie I muss nun (weiterhin inkognito) bis zum Schluss – dem absoluten Höhepunkt, der »Best of Best« – ausharren.

Noch einmal mit Gefühl: British golden mackerel tabby – mit der rechten Hand am Hinterteil wird das Gewicht des kräftigen Katers »abgefangen« (Foto: Gross)

Weiter geht es mit den nominierten Kastraten beiderlei Geschlechts, wo gleichermaßen vorgegangen wird und nach Ausschluss der Konkurrenten der beste männliche mit der besten weiblichen um das Prädikat »Best in Show Kastrat« bzw. »Best in Show opposite Sex Kastrat« in Wettbewerb treten. Da es meist für Kastraten keine Best-of-Best gibt, verlassen die beiden Sieger nach persönlicher Vorstellung und Überreichung der Präsente im Arm ihrer strahlender Besitzer die Bühne.
Gleicher Vorgang bei der nachfolgenden Wahl für das »Best in Show Jungtier«, wobei alle nominierten Perser und Exotic-Jungtiere (6-10 Monate) allerdings ohne Unterschied des Geschlechts miteinander verglichen und nur eines ausgezeichnet und entsprechend geehrt wird. Zum Abschluss der Kategorie I treten die Kitten (3-6 Monate) gegeneinander an und es kann ebenfalls nur einen Sieger geben, egal welchen Geschlechts.
Exakt nach der gleichen Vorgangsweise ermitteln die Richter nun in der ***Kategorie II*** die zwei besten Erwachsenen (wovon der Sieger wieder auf der Bühne bleibt für die Best of Best), die beiden besten Kastraten, das beste Jungtier und das beste Kitten. Ebenso wird in den ***Kategorien III*** und ***IV*** vorgegangen und auch hier bleibt der/die jeweils beste Erwachsene auf der Bühne – sprich, zum krönenden Abschluss befinden sich noch vier Katzen im Richterring, nämlich die »Best in Show« aus jeder Kategorie = die beste Langhaar/Exotic, die beste Halblanghaar, die beste Kurzhaar und die beste Orientalkatze. Diese vier konkurrieren nun untereinander um die Reihenfolge, also um das absolute ***»Best of Best«*** 1. Platz, 2. Platz, 3. und 4. Platz. Die Wahl darf nur ein (oder mehrere zusammen) Allround-Richter (= der die Prüfung für alle vier Kategorien abgelegt hat) treffen. Wäre kein Allround-Richter anwesend, dürfte verständlicherweise auch

Hurra, »Sie« sind Best in Show – ich gratuliere herzlichst! Falls es doch nicht so überschäumend gelaufen sein sollte: Gutes Aussteller-Know-how (das gibt's) heißt, fair zu sein und sich mitfreuen zu können! Und ehrlich zuzugeben, dass auch andere Leute schöne Kinder haben ... glauben Sie mir, das macht das Leben um einiges leichter und die Teilnahme an Ausstellungen zu einer angenehmen, unverkrampften Unterhaltung.

Total cool: Norwegischer Waldkater beim Richten (Foto: Cermak)

keine Best of Best abgehalten werden, denn ein Richter kann über keine Rasse befinden, für die er nicht zugelassen ist.

Aber schlagen Sie nicht gleich über die Stränge, selbst wenn bei durchaus berechtigter Hochstimmung die Sektkorken nur so knallen – Ihre Freude soll nicht zur Lärmbelästigung für die Katzen werden. Und vergessen Sie nicht, Ihr gekröntes Pelzchen zu herzen und zu verwöhnen, denn es ist der wahre Sieger! Das tut übrigens auch denen gut, die nicht auf der Gewinnerliste stehen ... Ausgesprochen herzerwärmend wäre auch ein kleines Dankeschön an die Veranstalter!

Ausklang

Alles hat ein Ende und ob Sie nun jubeln oder nicht – der offizielle

Schluss (er steht im Katalog oder wird bei Abweichung per Durchsage mitgeteilt) ist absolut bindend! Das heißt, dass Sie weder fröhlich weiterfeiern dürfen noch einfach nachmittags um Zwei zusammenpacken und mit Ihrer vielleicht leider doch nicht so erfolgreichen Mieze verärgert das Weite suchen.
Werden bereits die Käfige abgebaut und Sie sind immer noch da, »dürfen« Sie mithelfen (den Veranstalter freut's mit Sicherheit). Stürmen Sie jedoch vor der Zeit aus der Halle, verstößt dies gegen die Regeln, zu deren Einhaltung Sie sich mit Ihrer Unterschrift auf der Anmeldung verpflichtet haben. Der organisierende Verband ist berechtigt, über Sie eine Ausstellungssperre unterschiedlicher Dauer zu verhängen und Ihren Club (sofern sie nicht identisch sind) davon in Kenntnis zu setzen. Also bleiben Sie bitte korrekt bis zum Ende. Würde das z.B. bedeuten, dass Sie dann Ihr Flugzeug verpassen, müssen Sie von der Ausstellungsleitung (fragen Sie im Sekretariat) die Genehmigung fürs frühere Verlassen einholen.
Zum korrekten Verhalten zählt auch, dass Sie nicht alles grade mal nicht mehr Benötigte einfach fallen lassen und der leere Käfig wie eine mittlere Müllhalde aussieht! Bitte lassen Sie ihn so sauber zurück, wie Sie ihn vorgefunden haben.
Denken Sie daran, dass auf den Organisator noch eine Heidenarbeit wartet, während so mancher Aussteller schon begehrlich nach seinem Bett schielt: Die viele Stunden dauernden, anstrengenden Vorbereitungen zur Einrichtung der Halle wiederholen sich bei der Demontage: Abbau der Käfige samt Abdeckung und Dekoration, Nummernkärtchen, Mülltonnen, Richter/Rassetafeln, Pokale, Schleifen, Desinfektionsflaschen, Stewardmäntel, Einrichtung des Sekretariats mit Kopiergerät, Computer und massenhaft schriftlichen Unterlagen, die (meist vorhandene) Kaffeeküche und unglaublich viele kleine Dinge – alles muss wieder sorgsam verstaut werden. Es wird ja wieder gebraucht, alles kostet Geld und Clubs sind für gewöhnlich nicht damit gesegnet. Ist alles auf dem Lastwagen oder in den Autos der Vorstandsmitglieder verstaut, dürfen die letzten müden Helfer noch Coladosen einsammeln, ausfegen oder eventuelle Teppichböden mit dem Staubsauger bearbeiten, klebende Haarbüschel entfernen und schmutzige Einstreu aufklauben – andernfalls würde der Veranstalter heftig zur Kasse gebeten.
Womit wir schon mitten im »kurzen Blick hinter die Kulissen« sind.

In Memoriam einer der wunderbarsten Richterinnen unserer Zeit: Erika Beintema (rechts) mit Kollegin und Hauskätzchen bei der Best in Show (Foto: Cermak)

V. Marathon Men

Heute gibt es für die Organisation einer Ausstellung eine derartige Fülle an Kriterien und Vorschriften, die ein eigenes Buch füllen würden und um deren Kenntnis und Beachtung in Wahrheit niemand zu beneiden ist. Zudem stellen bis auf minimalste Ausnahmen Vorstand und Mitarbeiter Ihre Freizeit samt Bienenfleiß gratis zur Verfügung, weshalb eigentlich jeder Teilnehmer dem Club zu tiefstem Dank verpflichtet wäre – sagen Sie bitte nicht »ich bezahle ja auch dafür«, denn die Teilnahmegebühr ist im Vergleich zum Aufwand geradezu ein Tropfen auf dem heißen Stein:

Ohne Geld geht gar nichts

Wenn wir »ganz oben« beginnen, so hat jeder Club einen Mitgliedsbeitrag und eine festgesetzte Gebühr für jede/n Ausstellung/Richter an seinen Dachverband zu bezahlen. Die Richter erhalten eine Vergütung und der Club hat für deren (und des amtierenden Tierarztes) gesamte Reisekosten, Unterbringung und Verpflegung aufzukommen. Zur meist mehr als beachtlichen Hallenmiete gesellen sich die Kosten für die Benutzung (wie Licht, Heizung, Hallenwart, akustische Anlagen, Müllabfuhr). Selbst für den Aufbau einer Bühne oder eventuell verbliebenes Mobiliar wie Sessel oder Tische kann der Club zur Kasse gebeten werden. Speditionen, die für den Transport der Käfige und sonstigen Einrichtung (wie z.B. Informationsstand) benötigt werden, sorgen ebenfalls für ein großes Loch im Budget, wogegen etwaige Landesabgaben oder die auch nicht gerade preiswerten Pokale und Schleifen, Richterberichte, Urkunden etc. beinahe als »Nebenspesen« betrachtet werden können. Die Aufzählung wäre damit allerdings noch lange nicht zu Ende, aber ich will Sie nicht langweilen. Üblicherweise hat ein Club allein Einnahmen aus Gebühren zur Verfügung, was jede Veranstaltung zur Gratwanderung werden lässt und ohne beinhartes Management zum Scheitern verurteilt wäre. Verständlich, dass jeder der leider dünn gesäten Sponsoren willkommen ist, zu denen in gewisser Weise auch die Besucher zählen.

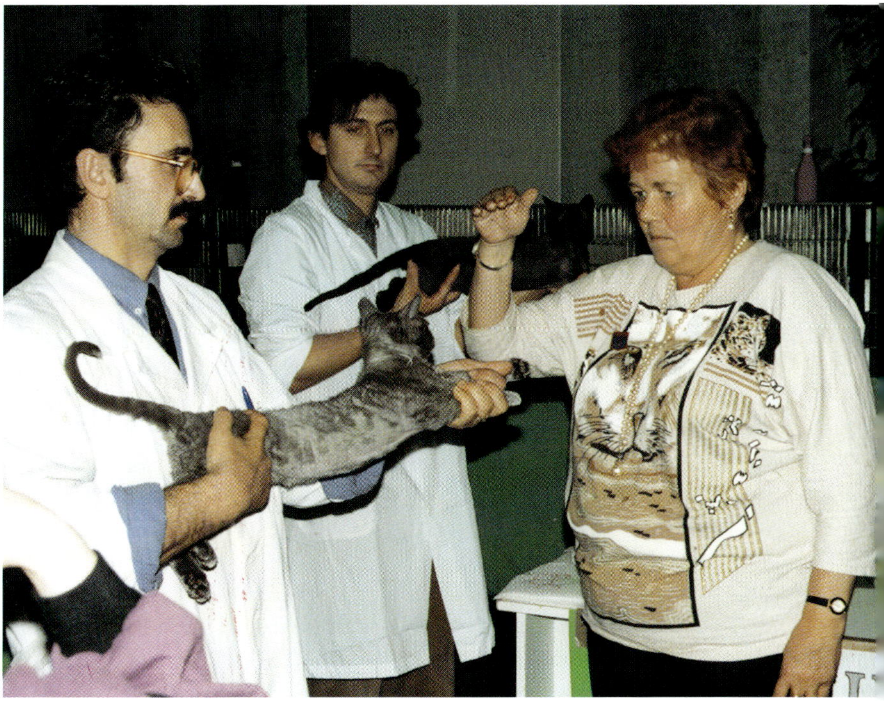

Die Richterin beim Vergleich der Konkurrenten (Foto: Cermak)

Viel Arbeit – wenig Ehr'

Abgesehen von den Kosten (mit deren Auflistung ich das Pferd am falschen Ende aufgezäumt habe) hat der Club zunächst eine Flut bürokratischer Hürden zu bewältigen: Etwa ein, zwei Jahre im Voraus müssen alle Ausstellungstermine und Orte zwecks Koordination beim Dachverband angemeldet werden – die dabei zu berücksichtigenden, nicht unbeträchtlichen und durchaus möglich über Gewinn und Verlust entscheidenden Kriterien will ich Ihnen ersparen. Wurde an einem/mehreren gewählten Ort/en bereits eine Ausstellung abgehalten, können sowohl die Anfrage, ob die entsprechende Lokalität zum gewünschten Zeitpunkt noch frei ist als auch die Fixierung des Termins telefonisch/schriftlich erfolgen. Handelt es sich um »Neuland«, müssen beherzte Vorstandsmitglie-

der entweder in ihrer Freizeit ausschwärmen oder Urlaubstage opfern, um eine passende Halle zu finden – was gar nicht so leicht ist –, die Mietverhandlungen übernehmen und konkrete Vereinbarungen vertraglich festhalten.
Die Termine müssen natürlich allen Interessierten zur Kenntnis gebracht werden, weshalb entsprechende Werbung notwendig ist. Ort und Datum entscheiden für gewöhnlich die Teilnehmerzahl, ersten Schätzungen zufolge werden also Richter sowie der amtierende Tierarzt geladen (in der Hoffnung, dass alle zu diesem Termin noch frei sind), Flüge und Hotelzimmer gebucht, die Reservierungen für die gemeinsamen Mahlzeiten und der Käfigtransport veranlasst. Dieses alles nicht nur quasi als »Nebenberuf«, sondern auch noch im »Blindflug« – wird nämlich die geschätzte Teilnehmerzahl nicht erreicht, droht entweder das Aus oder eine Reihe von Stornogebühren. Beides kann sich ein Club eigentlich nicht leisten. Die Koordination rutscht somit tief ins echte »Business«, weitab jeder Spielerei und eigentlich auch außerhalb eines Hobbys.
Damit nicht genug gleicht das Clubsekretariat vor jeder Show einem Hexenkessel: Der Computer wird mit den allmählich steigend eintrudelnden Anmeldungen gefüttert, sämtliche Arbeitsunterlagen für den gesamten Ausstellungsablauf und der Katalog bis zum Druck vorbereitet, Stewards rekrutiert ... und, und, und. UND: Die Show hat noch nicht einmal begonnen! Gibt's einmal keine Ausstellung, bleibt trotzdem nicht viel Zeit zum Füße hochlegen, denn Wurfmeldungen sind zu bearbeiten, Stammbäume zu erstellen, Briefe zu schreiben, Clubabende zu organisieren und jede Menge telefonischer Anfragen zu beantworten. Weshalb ein freundlicher Umgangston und Verständnis aller Beteiligten füreinander als wesentliches »Dankeschön« angebracht scheint, denn die »helping hands« sind das Rückgrat jeden Clubs, ohne die gar nichts geht.
Warum immer Vorstandsmitglieder und ihre guten Geister sich das antun, kann ich trotz Zugehörigkeit nicht schlüssig beantworten. Zweifellos geht es nicht ohne eine tüchtige Portion Idealismus, aber selbst jenseits dieses zählt die wirklich hart arbeitende Kerntruppe wohl durchaus zu den »letzten Helden« unserer Zeit.

VI. Kleines (FIFé) »Fachchinesisch«

Regeln und Vorschriften sind ein recht trockenes Brot und werden daher gern »auf morgen« verschoben – tun Sie's nicht, sie sind das Gerüst zum besseren Verständnis für das Hobby, das Sie gewählt haben. Mit blumiger Unterhaltung kann ich allerdings leider nicht dienen. Betrachten Sie dieses Kapitel analog einem Lexikon und bei öfterem Nachschlagen werden Sie bemerken, wie schnell der verwir-

Schwedische und amerikanische Richteraugen prüfen auf dem World Cat Congress 2000 des ÖVEK in Wien die Schönheit einer Cornish Rex (Foto: Cermak)

rende Kodex transparent wird, einen Sinn ergibt und wie Sie ihn nutzen können.

Rassen und Farben: Bunte Vielfalt

Die FIFé (Fédération Internationale Féline) ist in Europa der wohl größte Dachverband mit den meisten Mitgliedern und Ausstellungen, die seit einigen Jahren auch clubfremden Teilnehmern zugänglich sind und in steigender Zahl besucht werden. Weshalb den Codes des »Easy Mind Systems« (kurz EMS) verbandsübergreifende Bedeutung zukommt und die Erklärung der Abkürzungen auch »nur«-Interessierten durchaus nützlich sein kann.

Anerkannte Rassen
Innerhalb jeder Kategorie sollte die nachfolgend ersichtliche Reihung der Rassen korrekterweise auch im Ausstellungskatalog eingehalten werden (was leider nicht alle Clubs tun), Sie können es anhand einer (einigermaßen aktuellen) Ausgabe nachprüfen – finden Sie in dieser innerhalb der gesamten Kategorie II z.B. keine »SIB«, waren auf dieser Show eben keine Sibirer anwesend.
Der erste Teil des EMS-Codes, die Kurzbezeichnung für die Rasse, wird *immer* in Großbuchstaben geschrieben.

Kategorie I = Langhaar/Exotic Shorthair

EXO	Exotic
PER	Perser

Kategorie II = alle Halblanghaar

MCO	Maine Coon
NFO	Norwegische Waldkatze
RAG	Ragdoll
SIB	Sibirer
SBI	Heilige Birma
TUA	Türkisch Angora
TUV	Türkisch Van

Kategorie III = alle Kurzhaar+Somali

ABY	Abessinier
BML	Burmilla
BRI	Britisch
BUR	Burma
CHA	Chartreux (=Kartäuser)
CRX	Cornish Rex
DRX	Devon Rex
GRX	German Rex
EUR	Europäer
JBT	Japanese Bobtail
KOR	Korat
MAN	Manx
MAU	Egyptian Mau
OCI	Ocicat
RUS	Russisch Blau
SOK	Sokoke
SOM	Somali

Kategorie IV = Orientalkatzen

BAL Balinese
JAV Javanese
ORI Orientale
SIA Siam

Theoretisch wären die *Hauskatzen* die V. Kategorie. Da sie jedoch weder registriert noch nach Farbe oder Muster gerichtet werden, konnte dies unterbleiben.

XLH andere (nicht anerkannte) Langhaar
XSH andere (nicht anerkannte) Kurzhaar

Anerkannte Farben

Auch hier folgt der Ausstellungskatalog dieser Reihung. Der zweite Teil des EMS-Codes für die Farbe wird *immer* in Kleinbuchstaben geschrieben.

n schwarz (seal = bei Pointkatzen, wildfarben = bei ABY/SOM)
a blau
b chocolate
c lilac
d rot
e creme
f schwarz-schildpatt (black tortie)
g blau-schildpatt (blaucreme/blue tortie)
h chocolate-schildpatt (choc. tortie)
j lilac-schildpatt (lilac tortie)
o cinnamon (sorrel bei ABY)
p fawn
s silver
w reines Weiß (= ohne Farbe)
x alle nicht anerkannten Farben
y golden

Anerkannte Muster/Farbaufteilungen

Diese Codes sind ausschließlich Zahlen und stehen immer hinter jenen für Rasse und Farbe – natürlich nur, wenn die betreffende Katze ein Muster zeigt (eine so genannte »Geisterzeichnung« wie bei fast alle Roten, Cremes, Smokes und vielen Jungtieren gehört hier nicht dazu. Die Nummern 01 – 99 bezeichnen Scheckungs-Gene, d.h. einen unterschiedlich großen Weißanteil. Die Erklärung für beides fällt in den Bereich Vererbungslehre).

01 Van (= farbiger Schwanz, Kopffleck und maximal drei Farbtupfer am Körper, Rest Weiß)
02 Harlekin (= mindestens 1/4, maximal die Hälfte Weiß)
03 Bicolour (= mindestens die Hälfte, maximal 3/4 Weiß)
04 Mitted (weiße Partien bei Ragdoll)
09 jede Menge Weiß (bei MCO/NFO/JBT/Rex)
11 Shaded (bei Silver, Golden und Cameo)
12 Shell (Chinchilla, bei Silver, Golden, Cameo)

21 nicht definierbares Tabby-Muster (z.B. bei Points)
22 blotched Tabby (gestromt)
23 mackerel Tabby (getigert)
24 spotted Tabby (getupft)
25 ticked Tabby (z.B. bei ABY)
31 Burma»maske«
33 Colourpoint (Siam-Maske)

Anerkannte Augenfarben

Die Codes hierfür bestehen ebenfalls immer aus Zahlen und werden nach Rasse/Farbe/ev. Muster *nur dann* hinzugefügt, wenn innerhalb der Varietät mehrere Augenfarben erlaubt sind oder um eine Ausnahme zu dokumentieren (z.B. bei x = nicht anerkannten Rassen/Farben).

61 blaue Augen
62 orange Augen
63 odd eyed (= zweierlei Augenfarbe, für gewöhnlich eins blau, eins orange bei rein Weißen)
64 grüne Augen
65 Burma (nicht spezifiziert)
66 Siam (= das Blau aller Pointkatzen)

Schwanzlänge (Manx)

Die Codes sind ebenfalls Ziffern und gelten ausschließlich für diese Rasse, weil sie aufgrund dieses Merkmals eine Sonderstellung in der Katzenwelt einnehmen.

51 rumpy
52 rumpy riser
53 stumpy
54 longie

Also: Sie brauchen IMMER einen Code für die Rasse und dahinter die Farbe. Für Muster, Farbaufteilung, Augenfarbe NUR, wenn der Standard mehrere Möglichkeiten zulässt. Alles andere wäre entweder x = nicht anerkannte Varietät, oder non = nicht anerkannte Rasse.

Versuchen Sie doch, den Stammbaum Ihrer Katze zu »übersetzen« oder auch die Elterntiere der im Katalog befindlichen Katzen (schummeln Sie nicht, denn bei der Teilnehmerin selbst steht Rasse und Farbe ausgeschrieben neben dem Code!). Kurzes Beispiel: Eine blau/weiße Britin wird nicht mit BRIaw (a = blau, w = weiß) bezeichnet, sondern muss BRIa01 oder 02 oder 03 heißen – warum? Weil das Weiß (je nach Menge) zu »Farbaufteilung/Muster« zählt, schauen Sie nach!

Bewertungssystem für Zertifikate und Titel – »Professor« Katz

Um einen Titel wie z.B. »Champion«, »Weltsieger« oder »DM« führen zu dürfen, müssen einige Voraussetzungen erfüllt (und dem Club nachgewiesen) werden – vergleichbar mit unserem Doktor, Minister oder was auch immer. Die Titel werden in der Reihenfolge aufgelistet, in der sie errungen werden müssen. Weshalb wir mit den »Titel-losen« Katzen beginnen. *Alle Angaben in Kursivschrift betreffen das jeweilige Pendent und bedeuten, dass die Katze bereits kastriert ist.*

Die Erklärung der aus dem Französischen kommenden Abkürzungen will ich Ihnen ersparen. Als Beispiel: CAC heißt »Certificat d'aptitude au Championat«, also die Anwartschaft auf den Titel Champion. Die Nummern hinter den Klassen finden Sie auf dem Anmeldeformular wieder, ganz rechts, wo Sie ein Kreuzchen machen sollten (wichtig!), damit Ihre Katze in der richtigen Klasse starten kann. Die hinter dem Zertifikat in Klammern angegebene Punktzahl ist für die Best in Varietät (siehe diese) von Bedeutung. V = Vorzüglich (oder auch Ex für Exzellent).

OFFENE Klasse 9/*KASTRATEN Klasse 10*

Hier konkurrieren alle Katzen (getrennt nach Rasse/Farbe/Geschlecht) ab dem vollendeten 10. Lebensmonat um den Titel Champion oder *Premior*. Sie benötigen dafür 3 x das Zertifikat Vorzüglich 1 plus CAC bzw. *CAP* (= 93 Punkte), die in einem Land (es dürfen auch mehrere sein) von drei verschiedenen Richtern vergeben werden müssen.

Sollte Ihre Mieze in dieser Klasse einem Richter zugeteilt werden, von dem sie bereits ein CAC/*CAP* erhalten hat, wird eine Gegenzeichnung (unverzüglich das Ausstellungssekretariat aufsuchen!!) notwendig, weil es ohne diese als Regelverstoß aberkannt werden müsste. Mit drei korrekt erworbenen CAC/*CAP* hat Mieze den Titel errungen und steigt in die nächsthöhere Klasse auf:

CHAMPION Klasse 7/ *PREMIOR Klasse 8*

Hier konkurrieren alle Champions und *Premioren* (getrennt nach Rasse/Farbe/Geschlecht) um den Titel Internationaler Champion/*Internationaler Premior*. Sie benötigen dafür 3 x das Zertifikat V1 plus CACIB bzw. *CAPIB* (= 95 Punkte), die in zumindest zwei verschiedenen Ländern von drei verschiedenen Richtern vergeben werden müssen.

Auch hier ist eine Gegenzeichnung unerlässlich, wenn Ihre Schöne dem gleichen Richter ein zweites Mal auf den Tisch kommt. Mit drei korrekt erworbenen CACIB/*CAPIB* steigt die Katze in die nächsthöhere Klasse auf:

INTERNATIONALE CHAMPION Klasse 5/*INTERNATIONALE PREMIOR Klasse 6*
Hier konkurrieren alle Internationalen Champions bzw. *Internationalen Premioren* (getrennt nach Rasse/Farbe/Geschlecht) um den Titel Grand International Champion/ *Grand International Premior.* Sie benötigen dafür 6 x das Zertifikat V1 plus CAGCIB bzw. *CAGPIB* (= 96 Punkte), die in zumindest drei verschiedenen Ländern von mindestens drei verschiedenen Richtern vergeben werden müssen.
Eine Gegenzeichnung wird in diesen Klassen nicht mehr toleriert, weshalb Sie penibel planen müssen (und gegebenenfalls mit Begründung einen Richterwunsch äußern). Mit sechs korrekt erworbenen CAGCIB/*CAGPIB* steigt die Katze in die nächsthöhere Klasse auf:

GRAND INTERNATIONAL CHAMPION Klasse *GRAND INTERNATIONAL PREMIOR Klasse 4*
Hier konkurrieren alle Katzen, die diesen Rang bereits erreicht haben (getrennt nach Rasse/Farbe/ Geschlecht) um den Titel Europa Champion/*Europa Premior.* Sie benötigen dafür 9 x das Zertifikat V1 plus CACE bzw. *CAPE* (= 97 Punkte), die in zumindest drei verschiedenen Ländern von wenigstens drei verschiedenen Richtern vergeben werden müssen.
Auch hier ist eine Gegenzeichnung nicht mehr möglich – und auch nicht sinnvoll: Für neun Zertifikate werden sich ja wohl drei verschiedene Richter finden? Ihre Katze hat damit den in der FIFé höchstmöglichen Titel erreicht und konkurriert nun in der

EUROPA CHAMPION Klasse 1/ *EUROPA PREMIOR Klasse 2*
mit allen Katzen, die diesen Rang erreicht haben (getrennt nach Rasse/Farbe/Geschlecht) um den Ehrenpreis, der sowohl in der Klasse 1 als auch in der *Klasse 2* vergeben wird. Es bestehen keinerlei Vorschriften mehr bezüglich der Länder und Richter. Jede Katze kann beliebig oft ausgestellt werden und um einen Ehrenpreis konkurrieren – sie ist »im Himmel« angelangt. Dennoch gibt es (allerdings Titel-unabhängig) eine Steigerung: Den

Weltsieger – »WW«
Der Weltsieger-Titel ist derzeit das absolute Nonplusultra und alle Katzen sämtlicher Rassen und Altersgruppen, die sich entsprechend qualifiziert haben, können ihn anstreben. Novizen dürfen daher nicht teilnehmen. Eine World Show wird pro Jahr nur einmal ausgerich-

tet, Gastgeber ist jeweils ein anderes FIFé-Mitgliedsland und um die Besonderheit zu unterstreichen, darf an diesem Wochenende in Europa keine andere FIFé-Show stattfinden. Lediglich Großbritannien und einige nordische Länder haben aufgrund der Quarantänevorschriften einen eigenen Bewerb (= Scandinavian Winner). Zugelassen sind ausschließlich Katzen von FIFé-Mitgliedern, die sich innerhalb der 12 Monate vor jeder World Show wie folgt qualifiziert haben:

• *Kitten (3-6 Monate)*
entweder 3 x V1 oder zumindest 1 x Best in Varietät oder 1 x Nomination (oder höher = Best in Show). Kitten dürfen in der Kitten-Klasse 12 an der Weltausstellung teilnehmen, wenn sie mindestens 1 x V1 erhalten haben (gilt NUR für Klasse 12).

• *Jungtiere (6-10 Monate)*
entweder 3 x V1 oder zumindest 1 x Best in Varietät oder 1 x Nomination (oder höher).
Hat ein Kitten bzw. Jungtier diese Qualifikation erreicht, ist aber mittlerweile »herausgewachsen« und wäre zum Zeitpunkt der Weltausstellung in einer höheren Altersklasse, so gilt die Teilnahmeberechtigung dennoch als gegeben (siehe ff).

• *Erwachsene (über 10 Monate, auch Kastraten)*
zumindest 1 x Best in Varietät oder 1 x Nominierung oder 1 x Best in Show oder eine Qualifikation in der Kitten- oder Jungtier-Klasse (siehe diese).
Alle Internationalen Champions bzw. *Internationalen Premioren* sind mit Erreichung dieses Titels automatisch qualifiziert!

• *Hauskatzen (jeden Alters)*
zumindest 1 x Nominierung oder mehr.
Analog der Best in Show sind die Siegerkatzen einer Weltausstellung (aller Kategorien und Altersklassen) berechtigt, den Titel World Winner (= WW) zu führen, der mit dem Zusatz der jeweiligen Jahreszahl sowohl im Stammbaum als auch im Ausstellungskatalog angeführt wird. Gekürt werden somit: Ein Weltsieger-Kitten, ein Weltsieger-Jungtier, ein Weltsieger-Kastrat männlich, ein Weltsieger-Kastrat weiblich, ein Weltsieger Erwachsene männlich (natürlich unkastriert) und ein Weltsieger Erwachsene weiblich (ebenfalls unkastriert), und zwar in allen vier Kategorien (= Langhaar, Halblanghaar, Kurzhaar, Orientalen) – ungeachtet ihrer sonstigen Titel. Da Hauskatzen nur in zwei Klassen geführt und nicht nach Alter unterschieden werden,

Zwei wunderschöne Maine Coons nehmen lässig und unverkennbar sieggewohnt die Huldigungen entgegen (Foto: Cermak)

gibt es auch nur zwei Gewinner: Den Weltsieger Hauskatze männlich und den Weltsieger Hauskatze weiblich.

Best in Varietät – »BiV« (95 Punkte)
Der/die beste/r der Farbe wurde früher »Rassesieg« genannt, da aber innerhalb einer Farbe mehrere »Rassesiege« möglich sind, wurde diese Bezeichnung als unkorrekt abgeschafft. Eine Best in Varietät kann, wie der Name schon sagt, in jeder Farbe vergeben werden. Also in jeder Kategorie (I bis IV) bei allen Rassen innerhalb jeder Farbe. Beispiel: In der Kategorie III, Rasse Britisch Kurzhaar, konkurrieren nur alle blauen miteinander. Oder

nur alle creme. Oder alle BRIns11 (was heißt das? Schauen Sie doch einmal im Kapitel »Rassen und Farben« nach).
Basis ist in jedem Fall die Anwesenheit von zumindest drei Katzen je Farbe (innerhalb einer Rasse), eine Obergrenze gibt es nicht. Bei entsprechend vielen Teilnehmern ist ein BiV Erwachsene, BiV Kastrat, BiV Jungtier und BiV Kitten möglich. Titel und Geschlecht sind nicht von Belang, d.h. eine Euro-Champion wird auch mit zwei Kitten verglichen (wenn nicht mehr als diese drei da sind). Aber niemals mit Kastraten, die eine eigene BiV haben und nur untereinander konkurrieren dürfen.
Für die Beurteilung werden alle anwesenden Katzen herangezogen, egal ob sie das Zertifikat bzw. V1 erreicht haben oder nicht. Voraussetzung zum »Mitspielen«, d.h. gewinnen ist das aber sehr wohl, weshalb eine mit V2 klassierte Katze (als etwaig dritte im Bunde) ihrer direkten Konkurrentin (die demzufolge das V1 erhalten haben muss) zwar zum BiV verhelfen, aber es selbst nicht erhalten kann. Denn: Für diesen Bewerb sind 95 (wie CACIB/CAPIB) Punkte vorgegeben. Was auch bedeutet, dass ein Richter keine BiV wählen muss, wenn er kein höheres Zertifikat vergeben hat und der Meinung ist, dass die Katzen im Bewerb diese Auszeichnung nicht verdienen.

Distinguished Merit – »DM«

Mit diesem Prädikat wird die besondere Qualität der Vererbung einer Katze oder eines Katers dokumentiert – und kann somit nicht auf einer Ausstellung vergeben werden, da während einer Show ausschließlich das äußere Erscheinungsbild (der Phänotyp) einer Katze bewertet wird und nicht ihr genetisches Erbe (der Genotyp). Wovon der Richter ja auch keine Kenntnis hätte.
Ein Kater ist zur Führung des Titels »DM« berechtigt, wenn er mindestens zehn Nachkommen gezeugt hat (egal mit welcher Katze und gleichgültig, wer ihr Besitzer ist), die als Untergrenze den Titel Internationaler Champion oder Internationaler Premior erreicht haben.
Eine weibliche Katze wird mit diesem Prädikat ausgezeichnet, wenn sie nicht weniger als fünf Nachkommen geboren hat (ungeachtet deren Besitzer), die zumindest den Titel Internationaler Champion oder Internationaler Premior führen.
Warum die Mädels weniger als die Herren? Weil eine Kätzin niemals so viele Kinder zur Welt bringen als ein Kater zeugen kann ... Sind die obigen Voraussetzungen erfüllt,

Außergewöhnliche Eleganz, perfekt präsentiert: Siam lilac tabbypoint (Foto: Cermak)

müssen die Titelbestätigungen aller dementsprechenden Nachkommen im Clubsekretariat/Zuchtbuchamt eingereicht und um die Zuerkennung des Titels DM (der dann selbstverständlich auch im Stammbaum aufscheint) angesucht werden.

Bewertungssystem für Hauskatzen und Novizen

Hauskatzen werden ungeachtet der Farbe und des Alters gerichtet und je nach Geschlecht getrennt mit I, II, III, IV usf. klassiert, je nachdem, wie viele am Wettbewerb teilnehmen. Die jeweils beste männliche konkurriert gegen die beste weibliche für die Best in Show-Hauskatze. Es gibt (natürlich) keine Best in Varietät.

In der ***Novizen***-Klasse vorgestellt werden Katzen aus FIFé-fremden Verbänden, die jedoch in das Zuchtbuch eines FIFé-Mitgliedslandes eingetragen werden sollen – d.h. wenn Sie z.B. Mitglied eines FIFé-Clubs sind und eine Katze eines WCF-Clubs erwerben oder z.B. auch in Amerika bei der TICA

gekauft haben. Ebenfalls in der Novizen-Klasse starten muss eine Katze nicht anerkannter Rasse oder nicht anerkannter Farbe.
Sie muss mindestens zehn Monate alt sein und kann nur nach Kontrolle durch den Zuchtausschuss und im Heimatland Ihres Clubs in dieser Klasse ausgestellt werden. Und zwar nur einmal, wobei sie die Qualifizierung »Vorzuglich« bzw. »I« (bei einer nicht anerkannten Rasse) von zwei anwesenden Richtern ihrer Kategorie erhalten muss –, wird Mieze diese Qualifikation begründet verweigert, kann sie weder im Zuchtbuch registriert noch (innerhalb der FIFé) für Zucht und Show herangezogen werden.

Ausstellungsklassen und Katalog

Der Katalog ist ein »Wegweiser« für Aussteller und Besucher und ein »Arbeitspapier« für den Veranstalter. Die Auflistung folgt daher einem immer gleichen Schema, damit die Benutzer sich auch zurechtfinden.
Folgte in früheren Jahren die Reihung der Käfignummern exakt den Angaben im Katalog, also nach Kategorie, Rasse und Farbe, ist es in der letzten Zeit immer gebräuchlicher geworden, sie in zwei Gruppen aufgeteilt zu platzieren. Das bedeutet, die Katalognummern bleiben unverändert, beginnend mit Katze Nr. 1 ff (sonst würde man sich ja zu Tode suchen), aber die Nummern auf den Käfigen folgen der Gruppierung: In der ersten Gruppe (an zusätzlich angebrachten Buchstaben-Täfelchen am Käfig erkennbar) finden Sie alle Aussteller, die mehr als eine Katze mitgebracht haben, alphabetisch gereiht nach deren Namen. Beispiel: A1 sind die fünf Katzen von Frau Aichinger, A2 die zwei Schönen von Herrn Angermann, alle B1 gehören Frau Bammer und alle B2 Herrn Brösi ... das Alphabet durch bis zum Z. Innerhalb dieser Buchstaben finden Sie unter der angesteckten Käfig-Nummer im Katalog die entsprechende Katze.
Ein bisschen raten werden Sie vielleicht doch müssen, denn in den für gewöhnlich als Doppelkäfig eingerichteten Refugien (damit die Bewohner mehr Platz haben) sitzt natürlich nicht jede Katze brav hinter ihrer Nummer ... Der Vorteil für die Katzen liegt darin, dass sie sich mit einem Kuschelpartner wohler fühlen und der Aussteller hat seine Schar beisammen und kann sie leichter beaufsichtigen.
Nach dieser Gruppe reihen sich die Käfige der »Einzelkatzen«, d.h. die Aussteller haben jeweils nur eine

Tipp

Für Besucher:

In welcher Gruppe Sie einen bestimmten Aussteller finden können (wenn Sie etwa Bekannte besuchen), verrät Ihnen das Ausstellerverzeichnis am Ende des Kataloges: Nur eine Nummer hinter dem Namen = 1 Katze, zweite Gruppe. Suchen Sie eine bestimmte Rasse oder Farbe, haben Sie sich viel vorgenommen ... aber Sie wollten doch sicherlich alle anderen Katzen auch sehen, oder?

Für Aussteller:

Ob Ihre Prinzessin Konkurrenz hat, geht aus dem Katalog hervor – um festzustellen, ob sie ihr »das Wasser reichen« kann, müssen Sie auf Wanderschaft gehen ...

Katze mitgebracht. Die Reihung beginnt mit der niedrigsten Nummer lt. Katalog und ohne Berücksichtigung des Besitzernamens.

Die Katzen werden im Katalog nacheinander in der gleichen Reihenfolge aufgelistet wie im Kapitel Rassen und Farben beschrieben, innerhalb dieser beginnend mit dem höchsten Titel. Die Hauskatzen finden Sie üblicherweise zwischen Kategorie III und IV oder am Ende. Im Bereich ihrer (Kategorie/Rasse) Farbe konkurrieren immer nur die Katzen der gleichen Klasse/Geschlecht untereinander. Die Nummer vorneweg bezeichnet die Klasse, die Buchstaben in der Klammer die Kurzbezeichnung des Titels, dahinter die höchste erreichbare Bewertung, *(Kursiv = Kastrat)*:

1 – Europa Champion männlich (EC), Ehrenpreis
1 – Europa Champion weiblich (EC), Ehrenpreis
2 – Europa Premior männlich (EP), Ehrenpreis
2 – Europa Premior weiblich (EP), Ehrenpreis
3 – Grand International Champion männlich (GIC), CACE
3 – Grand International Champion weiblich (GIC), CACE
4 – Grand International Premior männlich (GIP), CAPE
4 – Grand International Premior weiblich (GIP), CAPE
5 – Champion International männlich (IC), GAGCIB
5 – Champion International weiblich (IC), CAGCIB
6 – Premior International männlich (IP), CAGPIB
6 – Premior International weiblich (IP), CAGPIB
7 – Champion männlich (CH), CACIB

7 – Champion weiblich (CH), CACIB
8 – Premior männlich (PR), CAPIB
8 – Premior weiblich (PR), CAPIB
9 – Offene Klasse männlich, CAC
9 – Offene Klasse weiblich, CAC
10 – Kastraten Klasse männlich, CAP
10 – Kastraten Klasse weiblich, CAP
11 – Jungtiere 6-10 Monate männlich, V1
11 – Jungtiere 6-10 Monate weiblich, V1
12 – Kitten 3-6 Monate männlich, V1
12 – Kitten 3-6 Monate weiblich, V1
13 – Novizenklasse V oder I
14 – Hauskatzen männlich, I
14 – Hauskatzen weiblich, I
15 – Außer Konkurrenz, keine Klassierung, da die Katze nicht gerichtet wird. Sie ist lediglich anwesend.

Alle diese Qualifikationen können vergeben werden, wenn innerhalb jeder Farbe (in jeder Rasse und Kategorie) in allen diesen Klassen zumindest eine Katze im Bewerb ist und sie nach Meinung des Richters auch verdient. Sind innerhalb einer Klasse mehrere Katzen im Bewerb, erhält die beste das V1 (plus Zertifikat), die anderen werden klassiert mit V2, V3, V4, alle folgenden erhalten lediglich ein V ohne Reihung.

Wird eine Katze, die bereits einen Titel errungen hat (z.B. GIC), kastriert, so behält sie diesen Titel, kann aber selbstverständlich in der Gruppe der nicht-kastrierten Tiere nicht mehr mitkonkurrieren. Das bedeutet in diesem Beispiel, der Europa Champion bleibt ihr verwehrt. Hätte sie auf dem Weg dahin z.B. schon CACE-Bewertungen erhalten, sind diese unwirksam. Mieze zählt nunmehr zur Gruppe der Kastraten und startet daher auf der nächsten Ausstellung eine neue Karriere, beginnend »ganz unten« in der Kastraten-Klasse. Europa Premior allerdings kann sie sehr wohl werden.

Titel-Mix – Zertifikate von anderen Verbänden

Da die verschiedenen Dachverbände unterschiedliche Regeln haben und die Kriterien zur Bewertung bzw. Erreichung eines Titels differieren, würde es ein heilloses Durcheinander zur Folge haben, könnte eine Katze z.B. die bei der FIFé erworbenen CACIB's mit jenen des WCF mixen. Amerikanische Verbände etwa haben gar kei-

ne länderübergreifenden Bewertungen (wie es der Internationale Champion z.B. wäre) und manche europäischen Verbände wiederum verlangen für einen Titel gleichen Namens weniger (oder mehr) Zertifikate oder veranstalten Bewerbe, die es in der FIFé nicht gibt. Die Unterschiede sind so mannigfaltig, dass eine Absprache nicht möglich ist. Deshalb anerkennt die FIFé nur innerhalb ihrer Mitgliedsländer erworbene Bewertungen.
Hat Ihre Katze so viel Spaß an Shows, dass Sie mit den unzähligen Veranstaltungen innerhalb der FIFé im In- und Ausland kein Auslangen finden sollten (?), können Sie selbstverständlich an Ausstellungen FIFé-fremder Verbände teilnehmen und gesonderte, zusätzliche Titel erwerben.

Ausschluss vom Wettbewerb – Disqualifikationsgründe

Für jede ausgestellte Katze muss ein Richterbericht geschrieben werden, auch im Falle eines Ausschlusses vom Wettbewerb (dann allerdings ohne Qualifikation). Der Richter muss den Grund für die Einbehaltung auf dem Bericht vermerken und wird/muss – je nach Vorfall – einen Kollegen bzw. den Tierarzt als letzte Instanz hinzuziehen.

Auf Ausstellungen selbstverständlich nicht zugelassen sind:

- Säugende und trächtige Katzen,
- taube und/oder blinde Katzen,
- Katzen, deren Krallen amputiert wurden – das arme Tier ist ein »Krüppel«, bitte kommen Sie niemals auf eine solche Idee!!, und wenn Sie Ihre Ledergarnitur noch so sehr lieben!

Folgende Generalfehler ziehen entweder die Verweigerung des Zertifikats oder den Ausschluss vom Wettbewerb (Disqualifikation) nach sich:

- Aggressive Katzen (= wenn zumindest zwei Stewards nicht in der Lage sind, sie aus dem Käfig zu nehmen),
- einhodige Kater und solche mit einer anderen Hodenanomalie (Ausnahme: Jungtiere bis zu 10 Monate),
- gedopte Katzen (die z.B. unter Beruhigungsmittel stehen),
- Katzen mit kosmetischen Eingriffen (Färben, Farbspülungen, zu viel Puder, Trimmen des Tippings usw.),
- Katzen mit offensichtlichen

Anzeichen deutlich schlechter Gesundheit bzw. bei Feststellen einer Krankheit – aufgefallen entweder bei der Eingangskontrolle oder während der Show – müssen sofort in Quarantäne (oder nach Hause) gebracht werden. Und zwar alle Tiere desselben Besitzers, auch wenn nur eines davon betroffen scheint!

- Katzen mit Parasitenbefall, schmutzigen Ohren etc.,
- Poly- oder olygodaktile Katzen (mit zu viel oder zu wenig Zehen),
- Zwergwuchs,
- Katzen mit erkennbarem Nabelbruch,
- Katzen mit weißen Flecken, die im Standard nicht erlaubt sind,
- jede Deformation am Schwanz (Ausnahme: Kastraten),
- Über- oder Unterbiss von mehr als 2 mm oder ein schiefes Gebiss,
- schielende Katzen oder bei Tendenz zum Schielen
- Katzen mit Augenverletzungen (z.B. Hornhauterkrankungen) und/oder abnormaler Größe und Form der Augenlider (z.B. Ektropium/Entropium),
- ständig aus dem Mund heraushängende Zunge und/oder herausstehende Zähne sowie geklippte Zähne,
- jede Schädeldeformation, jede Deformation des Brustkorbes und/oder des Knochenbaues (z.B. Schwäche der Hinterhand),
- über- oder unterernährte Katzen.

Ausstellungsregeln

Zum Abschluss noch eine ganz kleine Auswahl für Sie möglicherweise wichtiger Regeln, die derzeit gültig sind – das gesamte Konvolut wäre nicht von Belang (und viel zu lang) bzw. ist natürlich aufgrund jährlicher Generalversammlungen Veränderungen unterworfen. Manche davon wurden im Text schon angesprochen.

- Ist während des Richtens das Vorstellen der Katzen nur von Stewards erlaubt, müssen die Aussteller den Richterring spätestens dann verlassen, wenn die Katze im Richterkäfig sitzt.
- Während der Best in Show dürfen die Katzen ausschließlich von Stewards präsentiert werden.
- Jede angemeldete Katze, die im Katalog aufscheint, unterliegt der Ausstellungsgebühr auch im Falle ihrer Abwesenheit.
- Eine Katze, die nicht im Katalog steht, darf nicht am Wettbewerb teilnehmen (und auch nicht in die Ausstellungshalle gebracht werden).
- Alle auf Nationalen/Internationalen-, Rasse und Informationsausstellungen bzw. Seminaren ge-

zeigten Katzen müssen mindestens volle drei Monate alt sein.

- Es ist FIFé-Mitgliedern erlaubt, bei CFA-Ausstellungen (= The Cat Fanciers' Association, Inc. USA) außerhalb Europas auszustellen und vice versa.
- Es ist verboten, wilde Tiere auf Katzenausstellungen zu zeigen.
- Der Richter kann das Zertifikat einbehalten (CACE/CAPE, CAGCIB/CAGPIB, CACIB/CAPIB, CAC/CAP, BiV), wenn er der Ansicht ist, dass die Katze (oder die Erstplatzierte bei mehreren im Bewerb) diese Qualifikation nicht verdient. Der Grund für die Verweigerung muss auf dem Richterbericht angegeben sein.
- Der Titel Best in Varietät kann nicht verweigert werden, wenn eine der dafür in Konkurrenz stehenden Katzen die für BiV erforderliche Punktzahl von 95 erreicht hat. Das bedeutet, ab der Bewertung CACIB/CAPIB (= ebenfalls 95 Punkte) muss der Richter eine BiV wählen, sofern mindestens drei Katzen dieser Farbe anwesend und im Bewerb sind.
- Sobald eine Katze einen Titel gültig erworben hat, darf sie in dieser Klasse nicht mehr konkurrieren – d.h. hat Ihre Katze z.B. drei CAC = Champion und aus welchem Grund auch immer noch ein viertes CAC, so wird dieses aberkannt und der Club ist zu Sanktionen (z.B. Ausstellungssperre, Strafgebühr etc.) berechtigt. Hat diese Katze womöglich auch in der nächsten Klasse bereits ein Zertifikat (= CACIB) erhalten, bevor der Fehler bemerkt wird, so muss auch dieses aberkannt werden.
- Ohne die Anwesenheit eines amtierenden Allround-Richters (= Richter, die für alle vier Kategorien zugelassen sind), kann keine Best of Best gekürt werden. D.h. für welche Kategorie ein Richter seine Prüfung ablegt, bleibt natürlich seinem Geschmack (und Wunsch) überlassen und selbstverständlich darf er über die Katze in einer Kategorie, die er nicht studiert hat, auch kein Urteil abgeben.

Sie sehen, jede Menge Regeln und Vorschriften – an die sich alle zu halten haben, die Aussteller freilich gleichermaßen. Wie bei unseren Landesgesetzen auch würden Ausnahmen das Gefüge und den reibungslosen Ablauf gefährden und sind daher maximal bei Problemen möglich, die nicht einzuordnen sind.

Der Standard

Sie werden im Text immer wieder Hinweise auf den »Standard« gefunden haben. Er beinhaltet all-

Der süße Geschmack des Erfolges – verdiente Ehre für den Züchter und das bezaubernde »Ergebnis« seiner Arbeit: Exotic schildpatt (Foto: Cermak)

gemeingültige Regeln für alle Kategorien und spezifiziert das Aussehen jeder einzelnen Rasse/Farbe. Diesen zu erklären würde ein eigenes (ziemlich dickes) Buch füllen. Nichtsdestotrotz sollten Sie ihn kennen, wenn Sie züchten oder ausstellen wollen. Der Stammbaum ist kein Garant für Fehlerlosigkeit oder Zuchttauglichkeit!! Bitten Sie Ihren Club um eine Kopie des auf Ihre Katze zutreffenden Teiles.

Auch Hauskatzen unterliegen einem Standard, wenngleich er relativ großzügigen Spielraum lässt. Das wesentlichste Kriterium ist, dass eine in der Hauskatzen-Klasse präsentierte Mieze dem »klassischen Look« folgen sollte und demzufolge keiner Rasse ähneln darf.

VII. Kleiner Besucher-Knigge

Den »Generalregeln« – nicht stören, nicht berühren und keinesfalls füttern!! – stehen Kinder zweifellos mit Verständnis gegenüber, wenn sie ihnen entsprechend erklärt werden. Für die Winzlinge, die derlei noch nicht begreifen können, wird sich sicherlich ein einsichtiger Aussteller finden, der nichts gegen ein bisschen streicheln hat. Mit Maßen selbstverständlich und nur, wenn Mieze ebenfalls keine Einwände anmeldet. Fragen Sie einfach!
Abgesehen von den Tipps und Hinweisen im Text möchte ich Ihnen den Erwerb eines Kataloges ans Herz legen, wenn Ihr Interesse über das reine Betrachten hinausgeht. Auch wenn Sie Ihren Kindern eine Show näher bringen möchten, die ja naturgemäß weniger am Geschehen denn für die tatsächlichen Hauptdarsteller empfänglich sind – unterschätzen Sie Ihren Nachwuchs nicht, er kann Rassen und ihre Namen durchaus auseinanderhalten und weiß etwas damit anzufangen, wenn Sie auf die augenfälligsten Unterschiede aufmerksam machen, z.B. die Haarlänge, Farbe, Körperbau (außer, der Sprössling ist noch im Kinderkrippen-Alter). Möchten Sie etwas über den Charakter hinzufügen/wissen, sollten Sie den vielen im Handel befindlichen Druckwerken etwas weniger vertrauen als dem Aussteller/Züchter!

Tipp

In fast allen Büchern werden Katzenrassen gern charaktermäßig »über den Kamm geschoren«, damit meine ich, dass die eine Rasse z.B. »für Kinder empfohlen« und eine andere diesbezüglich abqualifiziert wird. Im Prinzip ist derlei grober Unfug, denn es gibt bei jeder Rasse und in jedem Wurf Kätzchen, die etwa mit Kindern oder Hunden gut zurechtkommen und andere eher weniger. Absolut und vollkommen unabhängig von der Rasse!

So viel Freiheit auf einer Show ist nur empfehlenswert, wenn Katze und Mensch ein wirklich gut eingespieltes Team sind (Foto: Cermak)

Es sind alles Katzen und im Prinzip einander gleich. Die Unterschiede des Charakters liegen in den Blutlinien begründet, denn dieser vererbt sich ganz genauso wie alle anderen Eigenschaften bzw. Äußerlichkeiten auch. Generell lässt sich lediglich sagen: Je schlanker eine Rasse, desto mehr Temperament wird sie haben. Was nun keineswegs bedeutet, alle Perser wären langweilig ... es gibt unter den »rundlichen« genauso extrem lebhafte wie unter den »schlanken« etwas ruhigere Tiere. Um herauszufinden, was für Ihren Haushalt am besten geeignet ist, sollten Sie sich vom Züchter beraten lassen.

Auch wenn es noch so »praktisch« ist, kaufen Sie keine Katze aus dem Käfig heraus – theoretisch wäre es auch verboten, denn eine Ausstellung ist eine Präsentations-Schau, keine Verkaufsschau und ein dessen ansichtig werdender Gesetzeshüter könnte sehr ungnädig reagieren. Aber was ein Züchter am Ende der Show mit seinen Jungtieren macht, entzieht sich natürlich der Kenntnis und Verantwortung des Veranstalters. Ein seriöser Züchter wird Sie nach Hause bitten, wo Sie nicht nur die Eltern und Geschwister sehen können, sondern auch überprüfen, wo die Kätzchen aufgewachsen sind und gehalten werden. Ein guter Züchter wird Ihnen außerdem ein ganzes Katzenleben lang mit Rat und Tat zur Seite stehen und immer wissen wollen, wie es seinem Schätzchen geht.

Sollte sich Ihnen auf dem Parkplatz vor der Halle womöglich plötzlich ein Kofferraum auftun und Sie in etliche ängstliche Katzenäuglein blicken – lassen Sie sich weder von Ihrem weichen Herzen noch vom »Sonderangebot« überrumpeln, denn das Geschäft mit dem Mitleid ist ein blühendes. Sie würden es damit nur unterstützen und keineswegs ein gutes Werk tun, denn der »Ersatz« wartet schon ...

Denken Sie daran: Wenn Sie Qualität wünschen, und damit meine ich nicht nur den Stammbaum, das entsprechende Alter des Kätzchens (mindestens 12 Wochen!!) und ausreichenden Impfschutz, sondern das gesamte »Drumherum« – dann hat das seinen Preis. Was Sie am Kaufpreis vielleicht sparen mögen, tragen Sie unter Umständen später vielfach zum Tierarzt ...

Lassen Sie sich im Zweifel im Sekretariat eines Katzenclubs beraten!

Epilog

Natürlich möchte jeder Aussteller vorwiegend seine Katze als König gewürdigt sehen, immerhin ist die Teilnahme mit erheblichem Auf-

Ein Herz und eine Seele: Kleine und große stolze Besitzer mit ihrem erfolgreichen Liebling (Foto: Cermak)

wand verbunden – nicht nur von Geld oder Zeit, sondern auch emotioneller Natur. Trotzdem gibt es allemal noch ein Trüppchen freundlicher Idealisten, die einfach gern dabei sind und die Atmosphäre genießen. Es würde mich freuen, Sie vielleicht ein wenig animiert zu haben. Wenn Sie sich nicht sicher sind, ob Ihre Mieze damit einverstanden ist, dann probieren Sie's doch einfach einmal aus – und hören Sie, was sie sagt ...

Während der Arbeit an diesem Buch verbrachte ich naturgemäß viel Zeit vor dem Computer, bekam allmählich eckige Augen und vergaß – ein wenig zu oft – meine Umwelt völlig. Meine Katzen zeigten zwar wohlwollendes Verständnis, aber als das Timing der Mahlzeiten durcheinander geriet, gründeten sie flugs eine Selbsthilfegruppe. Die drei Ausgewählten erinnerten mich abwechselnd und zeitlich absolut korrekt an meine Pflichten: Saß der eine neben meinem Sessel einbetoniert und klagte lauthals, bis ich aus meiner Trance erwachte, turnte die andere vor dem Bildschirm herum und gab der Tastatur ständig Köpfchen, sodass die Flut der dadurch ausgelösten unverständlichen Zeichen die gleiche Wirkung zeitigte. Während die dritte stumm, mit biaframäßig eingefallenem Gesicht auf meinen Unterlagen saß und mich lediglich unverwandt anstarrte ... es half immer.

Ähnliche Erfahrungen habe ich auch auf Ausstellungen gemacht – ich musste nur gut hinsehen und hinhören. Wer seine Katze wirklich kennt, wird keine Schwierigkeiten bei der Interpretation haben. Und sehr wohl unterscheiden können, ob er trotz Protest einen weiteren Versuch wagen kann, weil Mieze durchaus bereit zur Gewöhnung wäre. Kommt die Arme allerdings aus dem Fürchten überhaupt nicht heraus, haben Sie keineswegs das falsche Hobby gewählt – wie wär's mit einer »passenden« Gefährtin für Ihren Heimtiger?

Weiterführende Literatur

H.G. Wolff
Unsere Katze gesund durch Homöopathie
Regensburg, 1983

George McLeod
Homöopathischer Ratgeber Katzen
München, 1992

Linda Tellington-Jones
Der neue Weg im Umgang mit Tieren
Stuttgart, 1993

Pam Johnson
Katzenpsychologie
Stuttgart, 1999

Claudia Müller-Girard (Hrsg.)
Bi-Lexikon Rassekatzen
Leipzig, 1988

Katzenzeitschrift

Katzen extra
Symposion Verlag GmbH

Rund um die Katze

Diese Reihe aus dem Müller-Rüschlikon-Verlag begleitet den Katzenbesitzer Schritt für Schritt durch alle möglichen Stadien eines »Lebens mit der Katze«. Die einzelnen Bände bauen aufeinander auf und ergänzen sich. Die Inhalte bieten wertvolle Hilfestellung rund um das Miteinander von Katze und Mensch und tragen dazu bei, die Katze zu verstehen und Fehler im Umgang mit ihr zu vermeiden.

Jnsere Katze bekommt Junge
)ieser Ratgeber informiert über 'oraussetzung und Planung einer rfolgreichen Katzenzucht. Alle Staien von der Tragzeit bis zur Geburt nd die Aufzucht der Jungtiere.
6 Seiten, 35 Farbbilder
Bestell-Nr. 41390

Katze und Kind
Dieser Ratgeber richtet sich an alle Eltern, Erzieher und Katzenbesitzer, die sich eine harmonische Beziehung zwischen ihrem Kind und der Katze wünschen.
92 Seiten, 35 Farbbilder
Bestell-Nr. 41373

/ir wollen eine Katze
evor man sich den Wunsch nach ner Katze erfüllt, sollte man prün, ob man überhaupt ein Katzenensch ist. Der Ratgeber hilft bei er Beantwortung dieser Frage.
5 Seiten, 36 Farbbilder
Bestell-Nr. 41358

Wie Katzen mit uns reden
Wer diesen Band gelesen hat, kann Verständigungsfehler vermeiden und viel Freude daran entwickeln, den facettenreichen Charakter seiner Katze zu erforschen.
96 Seiten, 35 Farbbilder
Bestell-Nr. 41374

Unsere Katze zieht ein
Die Erziehung einer kleinen Katze zu einem angenehmen, freudebringenden Familienmitglied steht hier im Mittelpunkt. Dazu Ratschläge zur Gesundhaltung der Katze.
96 Seiten, 35 Farbbilder
Bestell-Nr. 41359

Jeder Band aus unserer Reihe »Ratgeber rund um die Katze« von Sabine Jansen-Nöllenburg ‹ostet DM 14,80/sFr 14,80/öS 108,–

Ihr Verlag für Katzen-Bücher

Gewerbestraße 10, CH-6330 Cham
Postfach 4161, CH-6304 Zug
Telefon ++41(0)41 740 30 40
Telefax ++41(0)41 741 71 15

Müller Rüschlikon

Miau sagt mehr als tausend Worte

David Alderton
Die Katze – der kleine Tiger
Alles über die wilde Seite unserer Hausgenossen auf Samtpfoten.
144 Seiten, 173 Farbbilder, 31 Zeichn.
Bestell-Nr. 41298
DM 29,80/sFr 29,80/öS 218,–

Angela Sayer/Howard Loxton
Katzen und ihre Welt
Dieser prächtig illustrierte Text- und Bildband zelebriert die Schönheit und Eleganz der Katzen.
176 Seiten, 270 Farbbilder
Bestell-Nr. 41405
DM 49,80/sFr 47,50/öS 364,–

Sabine Jansen-Nöllenburg
Rassekatzen kaufen mit Verstand
224 Seiten, 107 Farbbilder
Bestell-Nr. 41330
DM 39,80/sFr 37,90/öS 29

Linda Waniorek
Erste Hilfe für Katzen
152 Seiten, 44 Bilder, davon 33 in Farbe
Bestell-Nr. 41246
DM 29,80/sFr 29,80/öS 21

Ihr Verlag für Katzen-Bücher

Gewerbestraße 10, CH-6330 Cham
Postfach 4161, CH-6304 Zug
Telefon ++41(0)41 740 30 40
Telefax ++41(0)41 741 71 15

Müller Rüschlikon

Stand Juli 2001 / Änderungen in Preis und Lieferfähigkeit vorbehalten